Belgien

SOUL PLACES

Markus Mörsdorf

LIGHTS ON
VAN EYCK

Willkommen, Bienvenue, Welkom!

Was für ein Land, das Königreich Belgien, *het Koninkrijk België, le Royaume de Belgique!* Rund 12 Millionen für ihre Freundlichkeit berühmte Bewohner, zwei Hauptsprachen, Französisch und Niederländisch, dazu eine deutschsprachige Gemeinschaft im Osten, eine Hauptstadt, die Sitz der wichtigsten Institutionen der Europäischen Union ist. Im Westen Nordseestrand und plattes Land, im Osten schneereiches Mittelgebirge, felsige Täler, wilde Flüsse, sagenhafte Tropfsteinhöhlen. Im Norden der zweitgrößte Seehafen Europas, im Süden alte Industrieregionen, Relikte der Kohle- und Stahlära. Ursprungsland der Pommes und Gourmetziel für alle, die Schokolade, Pralinen, Waffeln und Bier lieben. Oder Chicorée. Uralte, oft auch skurrile Traditionen, vom pissenden Männlein bis zu riesenhaften Figuren, die nicht nur zu Karneval ausgeführt werden. Stapelweise Comics in den Büchereien und repräsentative Marktplätze mit einem Stadtturm, von dem ganze Glockenspielkonzerte über Stadt und Land erklingen.

Dabei war und ist dieses Land auch noch ein ausgesprochener Vorreiter in Sachen Kunst und Architektur. Wie die Kommandobrücke der Enterprise reckt sich in Mons die zentrale Bahnhofshalle Richtung Stadtzentrum. Geschmackliche Universen lassen sich u.a. in Antwerpen erkunden. Schon bei den Namen der Kreationen der Chocolatiers von The Chocolate Line läuft einem das Wasser im Mund zusammen: Paloma, Red Lips, Cabernet, Deadly Delicious. Zu dieser geschmacklichen kommt in den Ardennen auch noch die landschaftliche Verführung. Der Wald scheint hier undurchdringlich, keine Straße folgt dem Flusslauf der Semois mit ihren unendlich scheinenden Windungen. Steile Hänge mit Felspartien wechseln sich ab mit sanften Ufern. Es ist eine Landschaft, die man in dieser Einsamkeit und Wildnis kaum in unserer westlichen Nachbarschaft vermuten würde.

Das Land bietet in seiner Vielfalt eine Fülle an Plätzen, die alle Sinne berühren. Machen Sie sich auf, die Seele Belgiens zu entdecken. Sie werden überrascht sein, was sich auf gut 30 000 km^2 alles erfahren, erschmecken, erleben lässt.

Markus Mörsdorf

Inhalt

21 Der Vaux Hall Summer unterm Sternenzelt. Brüssel.

22 Unterwegs in Brüssel mit Lucky Luke, Spirou und Co.

23 Fünf Spaziergänge in der Hauptstadt des Jugendstils.

24 Serres Royales: Gewächshäuser eines Königs würdig.

25 Mit Tim und Struppi um die Welt – das Musée Hergé.

26 Aufstand der Flamen in Leuven. Eine Stadt spaltet sich.

27 Chicorée-Bier vom Familienbetrieb. Hof ten Dormaal.

28 Stadtbesichtigung mit musikalischer Untermalung.

29 Enge Gassen und blühende Gärten im Beginenhof Lier.

30 The Chocolate Line: Kunst und purer Genuss.

31 Durch ein Industriedenkmal zum Strand – Antwerpen.

32 Moderne Architektur an geschichtsträchtigem Hafen.

33 Musik und Entspannung im Sommerregen.

34 Markttag: Der soziale Treffpunkt in Diest.

35 Auf in die Wüste! In Lommel wird's heiß.

36 Besondere Radwege im Nationalpark Hoge Kempen.

37 Eine Brücke als Sinnbild für Krieg und Frieden.

38 Tongeren: Ein Held, der die gespaltene Nation eint.

39 Vespa-Ausflug ins Obstparadies Hespengau.

40 Versteckte Viertel neben einer Berühmtheit.

41 Die Stadt am Fluss: Lüttich ganz abwechslungsreich.

42 Regionale Spezialitäten im Pays de Herve.

43 Allein auf weiter Flur: Die Natur des Hohen Venn.

44 Wintersport und romantische Schneelandschaft.

45 Rennsport ganz nah: für Zuschauer und Selbstfahrer.

46 Die Quelle des Lebens findet sich in Spa.

47 Fonds de Quarreux. Am rauschenden Fluss entlang.

48 Rosen, Brunnenfontäne, Märchenschloss: Modave.

49 Auf Antiquitätensuche in der kleinsten Stadt Belgiens.

50 Magischer und spiritueller Ort. Die Menhire von Wéris.

51 Vielsalm: Vorsicht vor den Hexen in Stadt und Wald.

52 Salm-Château – vom Schieferblock zur Feinpolitur.

53 Alles wirkt wie eine Miniatur: Ausblick vom Deisterberg.

54 Fernab der Zivilisation: Biwakplätze in Belgien.

55 Radrennen nach Bastogne. Sport einer Nation.

56 Tiny Houses im Wald. Gemütliches Kuscheln am Kamin.

57 Belgischer Exportschlager: Die originalen Pommes.

58 Wahrlich ein Ort der Stille: die Abtei Orval.

59 Wenn ein kleines Dorf zum Künstlertreff wird.

60 Wilde Kanufahrt auf der Semois.

61 Wandern über Fluss, Berg und Tal in den Ardennen.

62 Grottes de Han: Höhlensystem voller Skulpturen.

63 Eine Uferbar im Nirgendwo: das La Flobette.

64 Sonnenuntergang mit Blick auf Château de Walzin.

65 Nicht kauen – lutschen! Kultgebäck aus Dinant.

66 Musik erfüllt die Luft in der Stadt des Saxophons.

67 Ein Drahtseilakt über dem Abgrund: Rochers de Feÿr.

68 Mensch und Natur Hand in Hand im Viorin-Hermeton.

69 Weltliche Gelüste und innere Einkehr in Anhée.

70 Ohne Auto – mit der Bahn durchs vielfältige Maastal.

71 Namur – ein rundum perfekter Weihnachtsmarkt.

72 Die Natur hat sich die Stadt zurückerobert. Charleroi.

73 Der Zug der Gilles in Binche. Bunt und traditionell.

74 Der Belfried von Mons – eine umstrittene Schönheit.

75 „Beam me up, Scotty!“ Ein Raumschiff in Mons.

76 Skurril, schrill, aufsässig: La Ducasse d‘Ath.

77 Das Leben spielt sich auf dem Grand Place ab.

78 Tartelettes in jeder Geschmacksrichtung in Hainaut.

79 Tournai: Ein Bauwerk passend für einen Schatz.

80 Entspanntes Radeln an der Schelde entlang.

Leidenschaft ist immer siegreich.

Theodor Fontane

Das Leben erleben

Die Kultur schmecken

Den Puls spüren

VOLLER ENERGIE & TATENDRANG

Genuss

Momente für die Ewigkeit schaffen

SICH INS ABENTEUER STÜRZEN

NEUE BEKANNTSCHAFTEN SCHLIEßEN

#eintauchen

kommunikativ sein

LOVE

Es gibt keine richtige Art, die Natur zu sehen. Es gibt hundert.

Kurt Tucholsky

BREATHE IN
BREATHE OUT

ZUR MITTE FINDEN

Natürlich
Natürlich
Natürlich
schön

Heilende Ruhe

EINE PAUSE MACHEN

#Achtsamkeit

into the unknown

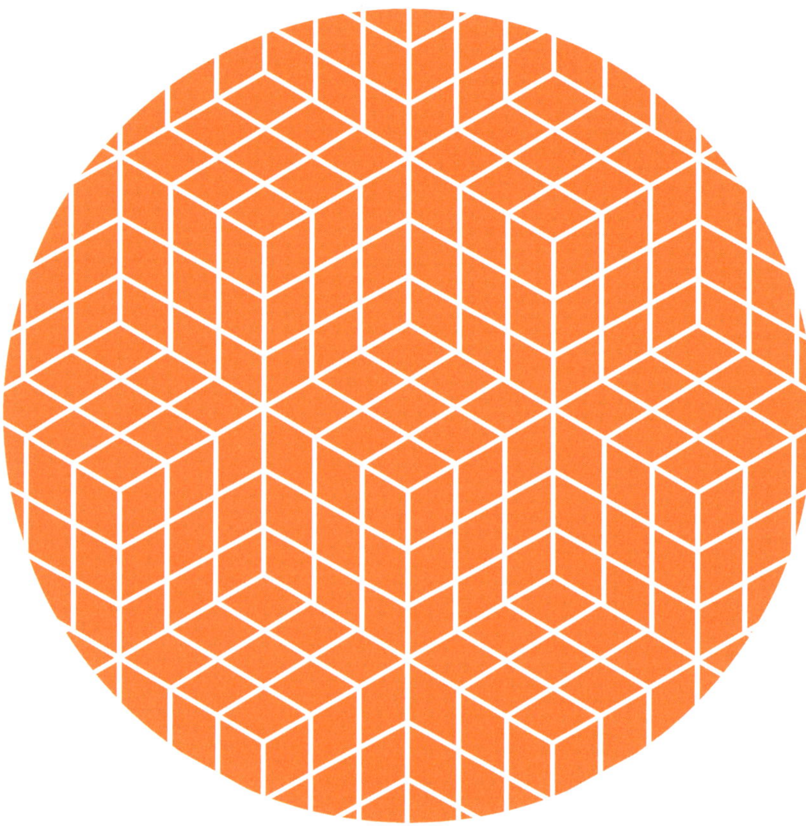

Der Geist spricht zum Geist
und nicht zu den Ohren.

Giacomo Girolamo Casanova

Bewusstsein
123
Once upon a time …
Den Geist beschäftigen
Kreativität ist ein Fluss
KULTUR
MYSTIK & Magie
NEUE PERSPEKTIVEN GEWINNEN

Mit berauschender Geschwindigkeit über den Sand gleiten.

Drei Räder, ein Sitz und ein buntes Segel, dazu ordentlich Wind und der breiteste Strand der belgischen Küste. De Panne hält alle Zutaten für ein großartiges Sporterlebnis bereit – *het zeilwagenrijden, le char à volle* – das Strandsegeln. Man darf auch gerne ohne Erfahrung in die übersichtliche „Fahrerkabine" steigen, die Räder rollen ganz von selbst, wenn nicht gerade Flaute herrscht (was äußerst selten der Fall ist). Will man aber auch ein wenig die Richtung vorgeben, sollte man einen Einführungskurs vor der Ausfahrt in die große weite Strandfreiheit besuchen.

Wind in den Haaren

De Pannes Strandsegelschule trägt den verheißungsvollen Namen Royal Sand Yacht Club und bietet unter der Anleitung erfahrener Strandsegellehrer königliche Adrenalinstöße in den rasanten Gefährten. Vor dem erstmaligen Besteigen lassen sich die geparkten Kisten mit gebührender Ehrfurcht hinter dem Dünensaum inspizieren. Nach einigen Übungsrunden wird man schnell mutiger und manch Talentierte flitzen dann bereits in einer berauschenden Geschwindigkeit über den festen Sand De Pannes und vorbei an den bunten Strandhäuschen. Auch diese witzigen, quer- und längsgestreiften Hütten sind auf Rädern gebaut. Man kann sich für den Urlaub hier einmieten, windgeschützt bei Ebbe die bunten Segel vorbeifliegen sehen und sich vielleicht dazu inspirieren lassen, selbst in dieses Fahrzeug einzusteigen. Die Technik ist ähnlich der des Segelns, wobei die Wendungen, das Loslassen und Spannen des Segels geübt sein wollen, sonst zieht man, statt abzubremsen, nochmal kräftig an. Zur Sicherheit gibt es auch eine eingebaute Bremse, deren Einsatz sich in langen, tiefen Rillen im Sand zeigt.

Farben tanzen im Wind

Zieht man zu schnell auf eigenes Segel los, kann es passieren, dass man im lockeren Sand steckenbleibt wie ein gestrandetes Walross. In den Kursen lernt man daher, sich auf dem festen Sand der ablaufenden Flut zu halten und die ungeeigneten Strandpartien zu meiden. Doch auch für alle, die sich nicht unters Segel wagen: Die über den weiten Strand flitzenden Farbtupfer bieten zusammen mit der frischen Brise und dem Brausen der auslaufenden Wellen ein unvergessliches Schauspiel, von dem man sich kaum oder nur wegen eines aufziehenden Regenschauers trennen kann.

Wo?

Royal Sand Yacht Club, Robert Demuyserepad 1 – 8660 De Panne. www.rsyc.be

Wann?

Rund ums Jahr geöffnet. Plätze sind in Gruppenkursen (2 h, 52 €) und individuelle Kurse (1 h, 40 €) über den Kalender der Homepage buchbar.

Wichtiges

Handschuhe, Schutzbrille und Wechselschuhe, ein trockenes Shirt oder windschützende Kleidung sind von Vorteil.

Veurne, mijn haart – Heimatstadt des flämischen Nationalbarden.

Belgiens Nordseeküste ist der Tourismusmagnet des Landes. Im Sommer geht es auf dem doch immens breiten Strand zuweilen zu wie in Rimini. Wem das zuviel wird, der kann sich ins Hinterland flüchten. Auch sollte man dann Brügge meiden, das zwar keinen Strand, dafür aber ähnlich viele Urlauber aufweist wie die Küstenorte.

Kleinstadtidylle

Am südlichen Küstenabschnitt bietet sich allerdings eine echte Alternative: Das Städtchen liegt kaum zehn Kilometer im Hinterland, ist äußerst fotogen, besitzt eine herausgeputzte Altstadt, ein imposantes Rathaus aus der Zeit der Spanier und daneben einen mächtigen Belfried, der mit dem Turm der Sint-Walburga-Kirche um Höhe und Eleganz wetteifert. Das alles strahlt eine ansprechende Atmosphäre aus. Und trotzdem muss man sich selbst im Hochsommer nirgends vor Eisdielen oder Supermarktkassen in endlos lange Schlangen wartender Menschen einreihen.

Liebeslied an eine Stadt

Veurne bleibt dann immer noch, was es zu anderen Jahreszeiten ist, eine etwas verschlafene Kleinstadt mit dermaßen viel Flair, dass der flämische Nationalbarde Will Tura (*1940) ihr ein musikalisches Denkmal gesetzt hat: *Veurne, mijn haart* lautet ein in ganz Flandern bekanntes Lied. Dass Veurne sein Herz erfüllt, liegt daran, dass Veurne seine Heimatstadt ist, die wiederum ihren berühmten Sohn mit einem Denkmal ehrt – an einem der schönsten Orte der Stadt, im Sint-Walburga-Park. Die Schönheit des Parks wird sicher niemand bestreiten, die Schönheit von Turas ungezählten Songs liegt allerdings im Auge des Betrachters bzw. im Ohr der Zuhörerin. Doch auch wenn Wills Lieder den Geschmack vieler heute nicht mehr treffen, vom belgischen König zum Ritter geschlagen, sind er und damit seine Heimatstadt bekannt im ganzen Land.

Im Sommer verwandelt sich der Grote Markt zum schicken Wohnzimmer der Stadt. Am Rande des Platzes, im Bistro De Soetasse, prunkt ein immenses Blumenbouquet über den Gästen. Diese können von der Terrasse nicht nur den wunderbaren Blick über den Platz genießen, sondern auch die riesige Salatauswahl und leckere flämische Pannenkoeken, z.B. *met verse chocoladensaus* (selbst gemachter Schokosoße) oder *roomijs (*Eiscreme).

Wo?

Veurne liegt nahe der Küste bei Koksijde, auch gut mit dem Fahrrad zu erreichen. www.veurne.be/de/besuchen-sie-veurne

Wann?

Im Sommerhalbjahr sind die Bistros auf dem Großen Markt bestuhlt, wenn es kälter wird, ist es innen auch urgemütlich, z. B. im De Soetasse, Fr–Di 10–22 Uhr geöffnet, Mi 9–14 Uhr. desoetasse-teahouse.business.site

Wichtiges

Wills Musikstil reicht von Schlager über Chanson und Pop bis zu Jazz, Country und sogar Rap. Er hat sage und schreibe 128 Alben veröffentlicht, da ist bestimmt auch das ein oder andere passende darunter.

Stürmische Zeiten an der Nordsee – auf den Piers von Niewpoort peitscht der Wind.

Von Herbst bis ins späte Frühjahr bläst es recht häufig und ganz ordentlich an den 67 Kilometern belgischer Küste. Doch auch im Sommer kann es vorkommen, dass ein Sturm eine Menge Sand auf- und Urlauber durcheinanderwirbelt. Zwischen den mächtigen Apartmentblocks entlang der Strandpromenaden zieht es dann zuweilen so arg, dass an ein Fortkommen kaum mehr zu denken ist. Das ist dann die Zeit all derer, die es lieben, sich den Mächten der Natur zu stellen. Nicht wenige genießen es, sich vom Wind einmal richtig durchpusten zu lassen und tun es den Möwen gleich, deren Freude an diesem Wetter nicht zu übersehen ist.

Wetterextrem

Idealer Standort für ein solches Sturmerlebnis sind die beiden Piers von Niewpoort, die sich 200 Meter beidseitig der Mündung der Yser in die Nordsee vorstrecken. Ein Sturm hart aus Südwest bis Nordwest lässt den Sand wie Nadelstiche auf die Haut prasseln, nur mit Anstrengung kann man bei dieser Windstärke atmen, die Bemühungen um eine ordentliche Frisur sind in Sekundenbruchteilen obsolet und sollte es zum Sturm zusätzlich regnen, nutzen weder ein Regenschirm noch eine Mütze. Nur wer die Kapuze fest zugezogen hat, bekommt eine Chance, trockenen Hauptes bis zum kleinen Leuchtturm inmitten der tosenden Gewalten voranzukommen.

Eine Belohnung für Robuste

Nicht wenigen Hartgesottenen scheint dieses Spiel der Naturgewalten besonderen Spaß zu bereiten, besonders dann, wenn es durch das Grau der vom Wind zerfetzten Wolken ein Sonnenstrahl schafft, auf die Meeresoberfläche zu gelangen. Dann zeigt sich diese in einem blassen Türkisblau, die schäumenden Wellenkronen brechen sich im Sonnenlicht und ein magisches Glitzern und Flimmern setzt den Horizont in ein faszinierendes Zwielicht.

Bei einem solchen Seegang wird verständlich, weshalb vor dem recht kurzen Küstenabschnitt Belgiens mehr als 280 Schiffswracks kartographiert sind, denen Wind, Wetter und Küste zum Verhängnis wurden.

Wo?

Pier van Nieuwpoort, beidseits der Flussmündung bzw. der Hafenausfahrt am Nordstrand

Wann?

Stürmischer Wind zu allen Jahreszeiten möglich. Wind- und Wettervorhersage auf www.meteobelgie.be

Wichtiges

Tipp für windstille Tage: Mit der Fähre (täglich in den Ferienzeiten, sonst Sa/So) über die Ysermündung fahren und zum rot geringelten Leuchtturm in den Dünen wandern.

Kunst so allgegenwärtig wie der stete Wind am Meer.

An der belgischen Küste weht gern ein strammer Wind, der eine Menge Sand aufwirbelt und das Meer in rauschenden Wellen auftürmt. An diesem zugigen Ort findet alle drei Jahre ein bedeutendes Kunstevent statt. Nicht nur der Wind bläst hier in Beaufort-Stärke, auch der sich mit jeder Ausstellung erweiternde Skulpturenpark trägt seit 2003 den Namen des Erfinders der Windstärkeskala.

Neben kuriosen Skulpturen baden

Meer und Kunstwerk sollen in einen flüchtigen Dialog treten können, lautete die Gründungsidee. So flüchtig wie ehemals gedacht sind die Kunstwerke allerdings nicht: Nach jeder Triennale wächst der Beaufort-Skulpturenpark an der Küste, die damit zu einem 67 Kilometer langen Open-Air-Museum geworden ist. Wo sonst kann man unter Beobachtung eines gelben Ungeheuers sonnenbaden, das nach den Worten seines Schöpfers, Nick Ervinck, Assoziationen zur sublimen Gewalt der Wellen wecken kann, die an die Uferbefestigung prallen? Das fotogene Kunstwerk Olnetop in den Dünen von Westende ist seit 2012 das Markenzeichen der Küstenkunst geworden.

Stief DeSmets riesiges Schneckengehäuse markiert die Spitze der weit ins Meer reichenden Mole von Ostende. In Nieuwpoort bläst der Wind durch das farbenfroh gestaltete Windhosenspiel von Daniel Buren Es trägt auch noch den inspirierenden Namen *Le vent souffle où il veut* – der Wind weht dort, wo er will. Von Wind und Wetter gezeichnet scheint Windswept von Els Dietvorst weiter südwestlicher bei Koksijde. Mit zwei riesigen Grammophon-Trichtern, zum Meer hin gerichtet, lädt Ivars Drulle vorm Grand Hotel von Westende dazu ein, dem Wind, den Wellen und Möwen zuzuhören: *I Can Hear It* nennt er sein Monument.

Die Gedanken schweifen lassen

Jede Triennale bietet eine Fülle metaphorischer Andeutungen. Man kann sich ihnen auf einer eigens zusammengestellten Tour nähern oder sich überraschen lassen. Beim Bummel über eine Strandpromenade wird man garantiert mehr als einem Kunstwerk begegnen, sei es einem der Beaufort-Triennale oder – eher ungewollt – einem oder zwei hübschen Belle-Epoque-Häuschen, eingeklemmt zwischen den typischen Betonbauten der Küste. Die belgische Küste ist voller Inspirationen, sich über das Meer, das Leben, Wind und Gegenwind Gedanken zu machen.

Wo?

Beaufort-Skulpturenpark an Strand und Promenaden von Knokke-Heist bis De Panne

Wann?

Beaufort-Kunsttriennale alle drei Jahre seit 2003. Die nächsten Ausgaben sind 2024 und 2027. www.triennalebeaufort.be

Wichtiges

Die Küste hat auch bedeutende Kunstmuseen zu bieten, z. B. das Mu.Zee in Ostende. Knokke-Heist ist bekannt für seine zahlreichen Kunstgalerien. www.belgischekueste.be/machen/kunst-am-meer

Die grijze garnaal ist neben der Scholle der Star auf dem Ostender Fischmarkt.

Mit dem Morgengrauen fahren die ersten Boote der traditionellen Fischer ein, die in den Küstengewässern unter anderem nach Garnelen und Schollen auf Fang gehen. Es sind nicht die riesigen Trawler, die im nahen Zeebrugge anlanden und dort ihren Fang per Internet bereits versteigert haben.

Noch bevor es hell wird

An Ostendes kleinem Fischmarkt am Visserkaai, der Vistrap, geht es noch zu wie vor hundert Jahren. Die alteingesessenen Fischerfamilien arbeiten Hand in Hand, der Fang der Nacht wird direkt unterhalb der Verkaufsstände an Land gebracht und kommt sofort auf die Verkaufstische. Frischer geht es nicht. Erste Kunden kommen, man kennt sich. Es sind Restaurantbesitzerinnen, Nachbarn, Bewohner Ostendes, auch einige Touristen, die sich hier mit den berühmten grauen Garnelen, den *grijze garnaal,* der belgischen Küste eindecken. Dieses kleine, auch als „graue Krabbe" bezeichnete Meeresfrüchtchen ist der Hit an Belgiens Küste. *Crangon Crangon* lautet ihr wissenschaftlicher Name. Sie ist wenige Zentimeter lang, hat einen leicht süßlichen Geschmack. Gefangen wird das ganze Jahr über. Dabei wird von den Familienfischern stets auf den Erhalt der Population geachtet. Was von den Männern gefangen, den Frauen an Land gezogen und in den Ständen verkauft wird, sind keine riesigen Mengen. Dass die Familien damit nicht reich werden, ist naheliegend.

Vor Ort probieren

Wer die Möglichkeit hat, darf sich ein selbst belegtes Garnelensandwich nicht entgehen lassen: einige Salatblätter, Kresse, etwa Mayonnaise im Toast oder Baguette. Alternativ bestelle man im Restaurant eine original Ostender Krokette. Sie muss aus mindestens 30% Garnelen der Region bestehen, serviert wird sie meist mit einem kleinen Salat und gilt als kräftige Vorspeise. Doch egal ob selbst gemacht oder im Restaurant bestellt – ohne den Besuch der Vistrap ist der Genuss nur ein halber. Die frische Morgenbrise, die salzige Luft, der typische Geruch frischen Fischs, das geschäftige Treiben am Anleger, die Gespräche zwischen Fischern, Verkäuferinnen und Kunden ergeben eine ganz eigene Atmosphäre.

Wo?

Ostendes Fischmarkt, die Vistrap, am Fischerkai zwischen Bahnhof und Strand

Wann?

Täglich vom frühen Morgen bis in den Nachmittag. Nur am 25.12. und 1.1. sowie bei Sturm bleiben die Rollläden unten.

Wichtiges

Der ganz frühe Vogel kann zwischen 6 und ca. 8 Uhr beim Einfahren und Anlanden der Fischerboote zusehen.

Die Wahl des „Zommerhits“ wird jedes Jahr zur ausgelassenen Strandparty.

VRT Radio 2 ist der erfolgreichste Radiosender Flanderns. Sein Marktanteil liegt bei über 25 %, populäre Musik ist sein Erfolgsrezept, was er seit 1976 auch alljährlich mit der Wahl des flämischen *Zommerhits* unterstreicht. Dieses Mega-Event zieht jedes Jahr während der Sommerferien neben den Urlaubern zusätzlich Ausflügler aus Brüssel, Gent oder Kortrijk an die Küste. Dabei bräuchte man auch ohne Zommerhit auf den Strandpromenaden zu dieser Jahreszeit bereits Verkehrspolizisten, die die Menschenmassen in geordnete Bahnen lenken.

Nur in flämischer Sprache bitte!

Und weil an der Küste von Juni bis August sowieso Ausnahmezustand herrscht, hat man sich gerne für Belgiens Nordseestrand entschieden und kürt hier seit mehr als 45 Jahren hier den schönsten, coolsten, hippsten, lässigsten, chilligsten Hit des flämischen Sommers. Es treten ausnahmslos Bands und Einzelinterpreten aus Flandern an, was aus der Wahl des Zommerhits auch immer ein Riesenfest der flämischen Sprache und Kultur macht. Dazu kommen die aus den Radioprogrammen bekannten Moderatorinnen und Moderatoren. Guy De Pré, Kim Van Oncen oder Ann Reymen sind vielleicht keine Weltstars, aber in Flandern überall bekannt für ihren lockeren Stil und ihr gutes *Muziek*-Programm.

Würdiger Abschluss

Ob bei Sonnenschein, bewölktem Himmel oder im Regenschauer, Ausgelassenheit ist das Markenzeichen der Veranstaltung. Nicht nur bei diesem Open-Air-Event zeigt Flandern, dass es sich hinter der Lebensfreude anderer Länder mitnichten zu verstecken braucht. Alle Klischees über Belgien werden hier weggesungen, weggetanzt und weggefeiert – und das auch noch bei unverbautem Meerblick.

Beliebte Zommerhit-Tour-Orte sind De Panne und Bredene. In Blankenberge findet häufig das große Finale statt. Aus gutem Grund. Es ist Belgiens populärstes Seebad, stolz auf den 350 Meter in die Nordsee vorragenden Pier und – vielleicht der ausschlaggebende Punkt – Blankenbergs Strandbars sind legendär.

Wo?

Meist in drei Küstenbädern, Open-Air-Bühnen an den Strandpromenaden. Infos (nur auf Niederländisch) auf www.vrt.be, Suchbegriff: nieuws

Wann?

Anfang Juli–Mitte August, Finale Mitte August. Jeweils für zwölf Tage in den jeweiligen Orten

Wichtiges

Die Zommerhits des vergangenen Sommers gibt es immer bis Ende Juni des Folgejahres in der Mediathek: www.vrt.be/vrtmax/a-z/zomerhit.

Wer hat die Schönste im ganzen Land? Schicke Strandbars an der Küste.

An einem sommerlichen Freitagnachmittag glaubt man sich in Knokke-Heist eher am Mittelmeer als an der Nordsee. Noble Strandbars, sage und schreibe 35 Kunstgalerien und edle Modeläden liegen wie auf einer Perlenkette aufgereiht.

Exquisite Promenade

Knokke-Heist besteht, der Doppelname legt es bereits nahe, aus mehreren Ortsteilen. Man kann ab dem westlichen Heist über Knokke bis nach Zoute über acht Kilometer entlang einer abwechslungsreichen Strandpromenade flanieren. Farbenfrohe Windspiele, außergewöhnliche Kunstwerke und an besagten Freitagnachmittagen unglaublich viele Menschen, deren Kleidung und Auftreten Richtung Zoute spürbar eleganter, exquisiter, die Strandbars mondäner, die Events zahlreicher werden. Zum Apéro trifft man sich dann im Surfers Paradise, im Collins oder in der Bar D'O am Strand, gegenüber wird bei Champagner und Saxophon die neue Modekollektion unter der Sonne Flanderns präsentiert. Ist man an der belgischen Nordsee oder an der Côte? Glänzt die Sonne zu dem Spektakel am blitzblanken Himmel, lässt sich das gar nicht mehr so einfach beantworten.

Gehobenes Feiern

Im Gegensatz zum belgischen Cannes geht es im nahen Blankenberge bodenständiger zu, doch der Strand ist genauso bezaubernd und die Strandbars von Blankenberge sind mindestens so exquisit wie in Knokke, Heist und Zoute. Was lässt man sich hier nicht alles einfallen, um der eigenen Bar einen ganz besonderen Touch zu verleihen! Mancherorts wurde ein regelrechter Palmenhain auf den Sand versetzt, an anderer Stelle wird man in edlem Weiß empfangen, dezent dekoriert mit fantastischer Floristik. Oder man sitzt auf bequemen Sesseln und Möbeln im Leopardenlook, betrachtet von lebensgroßen Gorilla- und Zebra-Modellen, die einen glauben lassen, sich zum Drink in einer Lodge in Tansania zu treffen. Wenn dann am Wochenende alles zusammenpasst, Sonne, Wärme und gute Laune, füllen sich die Bars bereits gegen Mittag und bis in die Nacht hinein herrscht buntes Treiben.

Wo?

Strandpromenaden von Blankenberge und Knokke-Heist. www.visit-blankenberge.be/de/strandbars und www.myknokke-heist.be/de/strand-bars

Wann?

Geöffnet meist von Ostern bis Oktober. In der Hochsaison regelmäßig mit DJ und Live-Musik

Wichtiges

Auch bei Sommerregen bieten einige Bars Strandfeeling unter urigen Zeltdächern. Ein Spielplatz für Kinder ist meist nicht weit entfernt.

Wenn die Natur ihren Lebensraum zurückerobert.

Wie die Wellen der Nordsee bewegen sich die silbrig-grünen Halme des Strandhafers im Wind auf und ab. Es ist gerade Ebbe und wir sind auf dem Weg zu einem außergewöhnlichen Naturreservat, stramm Richtung Nordost und der niederländischen Grenze zu.

Pech für den Handel, Glück für die Natur

Het Zwin ist nicht nur ein Eldorado für Naturliebhaber, ein Refugium für die Küstenfauna und -flora, sondern auch für Kulturinteressierte ein Höhepunkt der belgischen Küste. Der nördlichste Punkt des Landes ist er auf alle Fälle. Vor einigen Jahrhunderten mündete hier noch der Meeresarm in die Nordsee, der die Stadt Brügge zu ihrem Reichtum verhalf und aus dem heute so pittoresken, winzigen Damme einen Welthafen machte. Meeresbucht und Kanal versandeten, Brügge fiel in einen Dornröschenschlaf, Damme in die Bedeutungslosigkeit. Aus der geschäftigen Hafenzufahrt wurde ein sandiges und sumpfiges Gebiet zwischen Wasser und Land.

Was für ein Glück für alle, die heute unberührte Natur erleben wollen. Im Hochsommer blühen die Salzwiesen im Lila-Pink des Strandflieders, das einen atemberaubenden Kontrast zum tiefblauen Himmel, zum glitzernden Wasser und dem intensiven Grün der Weiden bildet. Es ist eine einnehmende Landschaft, die man selbst in der Hochsaison häufig nur mit Schafen, Kühen, Enten, Gänsen, Seeschwalben und Bienen teilen muss. Im Frühjahr und Herbst herrscht hier allerdings Hochbetrieb in der Luft und am Boden. Het Zwin ist ein begehrter Rastplatz für Zugvögel auf der Reise in den Süden oder den hohen Norden.

Fotogen

Wander-, Radwege und auch ein Reitweg führen durch den 2019 auf 333 Hektar erweiterten Naturpark, der aus Dünen, bei Stürmen überfluteten Salzwiesen, aus Wattlandschaften und wasserführenden Rinnen und Prielen besteht. Das Naturkundezentrum informiert über Geschichte und Natur, inspiriert mit herrlichen Naturfotografien zu eigenen Entdeckungen mit Fernglas, Fotoapparat und Objektiv. Oder einfach nur zum entspannten, stillen Spaziergang zwischen Land und Meer.

Wo?

Zwin Natuurpark, Graf Leon Lippensdreef 8, 8300 Knokke-Heist. www.zwin.be

Wann?

In den belgischen Ferien (www.schulferien.org/belgien) täglich 10–18 Uhr, sonst siehe Kalender und Zeiten auf der Homepage. Tageskarte 12 €, zahlreiche Ermäßigungen

Wichtiges

Ein frei zugänglicher Wanderweg führt um den Naturpark herum, Start am Naturparkzentrum. Rundweg 9 oder 13 km

Brügges kleine Schwester. Ein Ausflug ins ruhigere Damme.

Im Umland von Brügge zeigt Belgien, wie flach es sein kann. Man spürt im oft stramm wehenden Westwind die Nähe der Nordsee. Das erst im Mittelalter vom Meer abgerungene Land liegt nur knapp über dem Meeresspiegel. Unzählige Kanäle entwässern die Weiden, auf denen Kühe friedlich grasen. All das erinnert schon stark an die nahen Niederlande. Und tatsächlich, eine Windmühle taucht hinter den imposanten Pappeln am Ufer des Kanals auf. Dieser war früher lebenswichtig für das nahe Brügge und Damme galt als bedeutender Vorhafen der reichen Handelsstadt.

Gemütliches Schlendern

Heute ist Damme ein Ziel für alle, die dem meist randvollen Brügge entfliehen und doch etwas von seiner romantischen Atmosphäre spüren wollen. Mit dem Rad ist man zügig im Städtchen, noch entschleunigter bewältigt man die sieben Kilometer zu Fuß. Kanal und die parallel verlaufenden Wege sind von einer Allee aus vier Baumreihen umrahmt. Man kann diesen Anblick auch vom Deck des nostalgischen Ausflugsbootes genießen, um dann in Damme nach einem Spaziergang entlang der alten Befestigungsgräben in einem der Cafés und Restaurants einzukehren. Man kann auch der Kirche einen Besuch abstatten und sich in glanzvolle Zeiten zurückversetzen lassen. Hier heiratete am 13. Juli 1468 der burgundische Herzog Karl der Kühne die englische Prinzessin Margareta von York, was den burgundischen und später spanischen Einfluss in Belgien für über 200 Jahre besiegelte.

Gegen die Herrscher

Eine weitere Besonderheit der Kleinstadt ist das Eulenspiegelmuseum am Rathaus. Der Dammer Eulenspiegel ist eine Figur des heute eher unbekannten Schriftstellers Charles de Costers (1827–1879). Wie sein gleichnamiger deutscher Vorgänger ist er ein mutiger Schelm, ein äußerst gewitzter dazu, der der Unmenschlichkeit der Herrschenden den Spiegel vorhält – und das sind für den Autor die Spanier, lange Zeit in Belgien als die Besatzer des Landes empfunden. De Costers Roman wurde umgehend zum Nationalepos der jungen Nation, der Eulenspiegel zur Identifikationsfigur der Belgier. Nicht nur die Natur, auch seine Geschichte machen aus Damme ein besonderes Ausflugsziel.

Wo?

Toeristische Informatie, Jacob van Maerlantstraat 3, 8340 Damme. www.visitdamme.be

Wann?

Damme ist auch im Winterhalbjahr ein wunderbares Ziel – zum Wandern und zum Entdecken der reichen Geschichte des Ortes. Touristinfo im Winter montags geschlossen

Wichtiges

Wetterfeste und winddichte Kleidung immer parat halten – selbst im Sommer kann es hier ordentlich stürmen.

Eine außergewöhnliche Basilika für eine besondere Reliquie. Nicht nur für Gläubige ein ergreifender Moment.

Zwischen all den Droschken und flanierenden Menschen fällt ihr Eingang kaum auf. Auch liegt er versteckt im Schatten des mächtigen Rathauses.

Unscheinbares Juwel

Die Kirche tritt von außen recht zurückhaltend auf, einzig die vergoldeten Engel in den gotischen Ornamenten weisen darauf hin, dass hier in äußerer Bescheidenheit ein echter Schatz darauf wartet, entdeckt zu werden. Viele Besucher Brügges kommen nur ihretwegen hierher, schreiten in besinnlicher Innigkeit die Treppenstufen nach oben wie schon unzählige Gläubige in den Jahrhunderten zuvor. Oben erwarten sie keine himmelstürmenden Säulen – hinter einem kleinen Vorraum öffnen sich die beiden übersichtlichen Kirchenschiffe.

Der erste Eindruck ist überwältigend: In ihrer Farbigkeit, dem Bilderreichtum und der Ornamentik ist diese Kirche einzigartig. Überall überschwängliches Gold, die Wände zieren Malereien aus dem Mittelalter. Selbst Nichtgläubige spüren die Kraft dieses Ortes, der einen verstummen lässt. Belgien ist ein traditionell katholisches Land, religiöse Riten und Traditionen sind hier noch sehr lebendig. So war es auch der Katholizismus, der das Land bei aller Trennung zwischen Flamen und Wallonen einte und zur eigenen Staatsgründung führte. Wenn auch die Religion nicht mehr diese staatstragende Rolle spielt, in Brügges Heilig-Blut-Kapelle wird ihre Bedeutung für dieses Land deutlich.

Innere Einkehr

Im Seitenschiff reiht man sich ein in die vor der Treppe zum Podest Wartenden, schreitet Stufe für Stufe empor. Eine Messdienerin blickt ergriffen nach vorne. Man nähert sich ihr und dem Glastubus, der seit dem Mittelalter das Blut des am Kreuz gestorbenen Religionsgründers Jesus Christus enthalten soll. Wer möchte, darf eine Spende in den Opferstock geben, zur Erinnerung erhält man ein Blatt mit besinnlichen Zeilen. In aller Stille schreitet man die Treppe wieder hinunter. Auch einige, denen diese religiöse Zeremonie fremd ist, zünden eine Kerze an.

Wo?

Platz De Burg neben dem Rathaus. Untere (romanische) Basilika mit Reliquien des Hl. Basilius, obere mit der Heilig-Blut-Reliquie. www.holyblood.com

Wann?

Verehrung des Heiligen Blutes täglich 14–16 Uhr, Fr auch 10–12 Uhr in der oberen Basilika. Di–So um 11 Uhr Messe

Wichtiges

Die Heilig-Blut-Prozession ist ein religiöser und touristischer Höhepunkt in Brügge, immer am Feiertag Christi Himmelfahrt. Infos und Tickets für die Tribünen auf www.bloedprocessiebrugge.be

Alpine Erfahrungen in den flämischen Bergen.

Auf wallonischer Seite heißen sie *Monts de Flandre,* auf belgischer *Vlaamse Bergen* – auch wenn es nur niedrige Hügel sind, für das platte Land nahe der Nordseeküste reicht das aus, um von einem Gebirge zu sprechen.

Kleines Wanderparadies

Die weiten Aussichten von den zahlreichen Gipfeln, unter anderem des Zwarte- und Rodeberges, die idyllischen Bäche, die am Fuße der Hügel entspringen und sich dann in der Ebene zwischen zahlreichen Kanälen und Gräben verlieren, die bunten Wiesen mit den scheckigen Kühen, die windschiefen Schuppen und umrankten Hofgebäude machen aus dem recht überschaubaren Gebiet ein kleines Paradies, das man am besten zu Fuß oder mit dem Rad entdeckt. Oder mit der Bergbahn. Alpine Seilbahn-Techniker stellten sich in den 1950er-Jahren dem äußerst gewagten Ansinnen, zwischen dem 153 Meter hohen Schwarz- und dem gegenüberliegenden Rotberg eine Bergbahn zu errichten, die seit 1957 zu den einzigartigen Attraktionen Flanderns gehört. Es gibt kaum jemanden in der Umgebung, der nicht bereits in seiner Kindheit die Beine über den Wiesen, Bäumen und Weinbergen zwischen den beiden Gipfeln hat baumeln lassen – um dabei den sprachlichen und politischen Streitigkeiten zwischen Wallonien und Flandern zu entschweben. Für zwanzig Minuten ist man dem Weltlichen entrückt, denn gut zehn und mehr Meter sind es von den Sitzen bis zum Grashalm oder zur Wiesenblume am Boden. Manch ungeübter Alpinist kommt da schon ordentlich ins Schwitzen.

Neben Idylle auch Wunderliches

Wem das alles zu idyllisch sein sollte, der fährt einige Meter weiter zur „Passhöhe", die gleichzeitig auch die Grenze zu Frankreich markiert. Diese verläuft mehrere hundert Meter entlang des Mittelstreifens der Bergstraat. Westlich liegt Belgien mit einer Auswahl an Kinderspielparadiesen, Tabak, Alkohol- oder Erotikläden, östlich Frankreich mit einigen Bistros und Restaurants. Doch dieser Unterschied verschwimmt spätestens dann, wenn die Straße vollständig belgisch wird und nun auch hübsche Estaminets, Blumenmärkte und Friterien übernehmen. Der ganze „Bergrücken" ist ein echtes Kuriosum und an Wochenenden der Treffpunkt für alle, die neben der charmanten Bergwelt auch Entertainment in allen Formen, ein Auto nach dem anderen und den Sound unzähliger Motorräder erleben wollen.

Wo?

Bergbahn Kabelbahn
Cordoba, Rodebergstraat 75, 8954 Westouter;
www.kabelbaancordoba.be

Wann?

Am schönsten, wenn's grünt und blüht oder im Herbst zur Laubfärbung. Geöffnet Sa/So und in den belgischen Sommerferien außer Fr täglich – immer am Nachmittag

„In Flanders fields the poppies blow Between the crosses, row on row ...“

So lauten die ersten Verse eines der bekanntesten Gedichte in englischer Sprache über den Ersten Weltkrieg. John McCrae erinnert darin an seinen Freund, der am Tag zuvor auf den Feldern Flanderns fiel. McCrae ist Lieutenant der kanadischen Armee und in die Kämpfe mit den kaiserlich-deutschen Truppen eingebunden.

Die Gräuel des Krieges

Es ist der 3. Mai 1915 – der Erste Weltkrieg dauert bereits fast ein Jahr. Der Vormarsch der Deutschen ist kurz vor der Küste zum Stillstand gekommen. Die verheerende Material- und Menschenschlacht, in der erstmals Chlorgas zum Einsatz kommt, wird noch dreieinhalb Jahre andauern.

Lieutenant McCrae ist bereits 43, weitaus älter als die mit ihm kämpfenden Männer, darunter der 22-jährige Alexis Helmer. Zu ihm hat er in dieser Hölle des Ersten Weltkrieges ein besonders enges Verhältnis aufgebaut. Bei einem Angriff verliert Alexis sein junges Leben. Der Boden in diesem Teil Flanderns ist über unzählige Quadratkilometer von den Einschlägen der Bomben und Granaten gezeichnet. Die Zehntausenden von Toten werden sofort beerdigt, ein Meer aus Holzkreuzen reicht bis zum Horizont. In der aufgewühlten Erde sind als erstes die widerstandsfähigen Samen des Klatschmohns aufgegangen. Er blüht dunkelrot wie das Blut der vergossenen Soldaten, *between the crosses, row on row.*

Rot wie Blut

Inmitten der ehemaligen Schlachtfelder Flanderns liegt die Stadt Ieper. Sie wurde nach 1918 historisch getreu wieder aufgebaut und ist heute eine adrette Stadt mit lebhaftem Zentrum und dem sehenswerten In Flanderns Fields Museum über den Ersten Weltkrieg. Wie in Großbritannien ist auch in Ieper die Blüte des Klatschmohns zum Symbol des Leids der Soldaten geworden. Sie ziert viele der großen und kleinen Soldatenfriedhöfe, äußerst gepflegte Anlagen zu Ehren der Gefallenen. Statt Mohn umranken zuweilen dunkelrote Rosen die reinweißen Grabsteine, die sich markant vom tiefen Grün des Rasens abheben. Ein ergreifendes Bild und mahnende Erinnerung zugleich.

Wo?

Umland von Ieper. Rundtouren zu den Friedhöfen der Flandern Fields auf www.toerismeieper.be/erster-weltkrieg-umwelt

Wann?

Die Friedhöfe sind meist öffentlich zugänglich, es gibt keine Schließzeiten. Die Hauptblütezeit des Klatschmohns ist im Mai und Juni, aber auch später kann man ihn mit etwas Glück sehen.

Wichtiges

Vor oder nach der Rundfahrt bietet sich das Museum der Flandern Fields in Iepers imposantem Rathaus an: www.inflandersfields.be.

»Statt Mohn umranken zuweilen dunkelrote Rosen die reinweißen Grabsteine, die sich markant vom tiefen Grün des Rasens abheben.«

Wenn eine Innenstadt zu einem wunderbar illuminierten Märchenland wird.

Wenn der Abend anbricht, an wolkenlosen Tagen der Horizont im Westen noch rotgolden glüht, sollte man vor oder nach dem Essen einen Spaziergang durch Gent einplanen. Wer zum ersten Mal die aufleuchtende Stadt besucht, wird sicher auch einmal auf das Abendessen verzichten und entlang der Kais, über die Plätze und an den Kanälen vorbeischlendern wollen.

Eine Stadt im Rampenlicht

Im Zwielicht der einbrechenden Nacht zeigt sich Gent in seiner ganzen Pracht. Von der Sint-Michielsbrug aus fällt der Blick über die ehemaligen Kaianlagen an der Leie, der Koren- und Graslei. Die repräsentativen Stadt- und Lagerhäuser zu beiden Seiten, die Grasbrug im Hintergrund, spiegeln sich dezent illuminiert auf der spiegelglatten Oberfläche des Flüsschens, das wenig später in die Schelde mündet. An lauen Sommerabenden trifft man sich hier auf den Stufen zum Ufer hin. Wie in einem riesigen Wohnzimmer hallen das Echo der Gespräche, das Lachen, die Musik der Jugendlichen und das Anstoßen der Gläser wider. Kann man sich von der Szenerie auf der Brücke lösen, schlendert man den Korenlei entlang und setzt sich zu den vielen entspannten Gentern und Besuchern der Stadt.

Zauber bis Mitternacht

Hinter den Uferfassaden streben – in warmes Licht getaucht – die Türme der Stadt in den nun blau-schwarzen Abendhimmel. Diese Ansicht Gents gehört zu den einnehmendsten, die Flandern zu bieten hat. Im Licht der unzähligen Lampen und Strahler wird aus der schönen Stadtansicht der Blick in eine scheinbar weit entfernte Märchenwelt. Kämmt sich nicht gerade Rapunzel im Turmzimmer des alten Kornspeichers ihr Haar?

Man darf sich ruhig Zeit lassen, Gent aus dieser verwunschene Perspektive zu erleben. Es gibt mehrere ausgewiesene Rundgänge im Stadtgebiet. Sicher wird man gerne in der einen oder anderen Bar eine Pause einlegen und die Atmosphäre genießen. Um Mitternacht ist – wie in den meisten Märchen – der Zauber allerdings vorbei. Dann heißt es warten, bis die Sonne am nächsten Abend wieder untergeht.

Wo?

Faltblatt Lichtplan Gent, erhältlich in der Touristinfo oder digital im Internet: visit.gent.be/de/staunen-erleben/zauberhafte-abendlandschaft-von-gent

Wann?

Täglich ab Einbruch der Dunkelheit bis 24 Uhr. Donnerstags haben zusätzlich die Museen bis 22 Uhr geöffnet.

Wichtiges

Noch romantischer wird es zum Lichtfestival Ende Januar: visit.gent.be/de/veranstaltungskalender/lichtfestival-gent.

Abwechslungsreiche Ästhetik und aufregendes Design – Shopping in Gent.

Prächtige historische Gebäude, ein Fluss, viele Kanäle, unzählige Brücken. Zahlreiche Kirchtürme bestimmen die Skyline, der Belfried wacht als größte Erhebung über allem und blickt auf den großen Marktplatz herab: All das zusammen ergibt die typisch flämische Stadt. In Gent kommt dazu noch ein unwiderstehlicher Mix aus alter und neuer Architektur und noch mehr Einkaufsmöglichkeiten pro Quadratmeter, als es sie andernorts in Flandern gibt.

Vielfalt

Dabei ist Gent keineswegs eine Museumsstadt, die überwiegend von Tourismus lebt. Ein wichtiger Nordseehafen zählen ebenso zum Stadtgebiet wie eine große Universität und innovative Firmen. Markenzeichen der Stadt sind die historischen Stadthäuser, Kirchen und die Grafenburg, aber auch der Krook, die moderne Bibliothek im rostigen Eisenmantel in der Flussschleife (ndl. *krook*) der Schelde und der massive Betonbau der Stadthalle im Zentrum. Der Innovationsgeist Gents spiegelt sich auch in den vielen Designerläden, die es hier zu entdecken gibt. Dies liegt auch an der renommierten Fachrichtung Design der Universität, die an die Tradition Gents als Modestadt anknüpft.

Kunterbunte Kleidung

In den Straßen Gents mischen sich schick, alternativ und elegant gekleidete Menschen unter die vielen Touristen, die die Stadt zu allen Jahreszeiten anlaufen. Man kann es ihnen als Besucherin und Besucher gleichtun und sich in einem der schmucken Designer- oder angesagten Second-Hand-Läden mit allem eindecken, was einen kleinen oder großen Auftritt verspricht. Kunterbunte Kleider und modische Sakkos entwirft und verkauft zum Beispiel Nathalie Engels in der Serpentstraat 1A. Sie gehört seit Jahren zu den angesagten Designerinnen der Stadt. Farben besitzen für sie eine innere Schönheit, die sie in ihren Entwürfen ins Sichtbare überträgt. Nathalies Farbenwelt kommt auf Hemden, Blusen, Hosen und Shirts in Streifen, blumig oder pointiert daher. Mit ihren Kreationen wird selbst ein verregneter Urlaubstag leicht und bunt – in Gent, an der nahen Küste und natürlich auch zu Hause.

Wo?

Nathalie Engels Shop liegt in der Serpentstraat 1A.
nathalie-engels.be

Wann?

Nathalie Engels: Mo–Mi 13–18, Fr/Sa 10.30–18 Uhr.
Allgemeine Öffnungszeiten der Läden in Gent zwischen 10 und 18 Uhr, Fr/Sa z. T. bis 21 Uhr. Viele haben auch sonntags offen.

Wichtiges

Schicke Second-Hand-Ware bei think twice, weitere Designerläden rund um den Vrijdagmarkt. Visit.gent.be, Suchbegriff: Mode

Ursprungsort eines Statements – ob es gefällt oder nicht, ist ihm egal.

Sex sells, das wusste man auch schon im Brabant des hohen Mittelalters. Viele Bauwerke dieser Zeit wurden mit derben menschlichen und tierischen Figuren verziert, die den Betrachtern froh und lüstern ihre Geschlechtsmerkmale entgegenstrecken. Unter ihnen findet sich auch ein kleines splitternacktes Männlein, das sich und sein Gerät stolz in aller Öffentlichkeit präsentiert. In prüden Regionen würde man sich darüber erzürnen. In Belgien hat man dagegen eine solche Freude daran, dass es sogar in ein Trinkwasserbecken pinkeln darf. Unzählige Hände strickender und stickender Frauen (vielleicht war irgendwann auch einmal ein Mann darunter) sorgen dafür, dass dieses Männlein etwas zum Anziehen hat, wenn das Wetter schlechter wird oder ein Großereignis entsprechende Kleidung verlangt. Dabei achtet man aber peinlich genau darauf, dass der Hosenlatz offen bleibt, um dem kleinen Männlein trotz allem das Pinkeln zu ermöglichen.

Ein ungewöhnlicher Promi

Das Manneken Pis ist Belgiens bekannteste Persönlichkeit und damit könnte eigentlich schon alles über Land und Leute gesagt sein. Doch hinter diesem weltweit gefeierten Brunnenfigürchen steckt weit mehr als ein skurriles Fotomotiv. Nicht der Hauptstadt Brüssel, sondern dem kleinen Städtchen Geraardsbergen an der Dender gebührt die Ehre, das älteste Manneken urinieren zu lassen. Bereits seit 1459 sprudelt es froh und munter aus ihm heraus und es hat den Anschein, dass auch in den kommenden Jahrhunderten niemand in Belgien darum fürchten muss, dass dieser Quell einmal versiegt.

Nicht unhöflich, sondern politisch engagiert

Auch wenn sich das belgische Manneken stets in ein Wasserbecken erleichtert, was kann man sich nicht alles vorstellen, auf das es „pissen" könnte. Da ist die flämische Sprache ähnlich bildhaft wie die deutsche und so besitzt das belgische Wahrzeichen auch immer eine subversive Botschaft, dass einem dies und jenes egal ist oder dass sich jemand davonschleichen soll. So durfte das Manneken 1944 in Karikaturen auf die flüchtenden Nazis Wasser lassen, und auch die Terroristen der Anschläge von 2015 wurden auf Abbildungen von seinem gelben Strahl bedacht.

Wo?

Links der Rathaustreppe am Grote Markt. Kostümausstellung des Manneken Pis in der Touristinfo gleich daneben. Eintritt frei. www.visitgeraardsbergen.be

Wann?

Das Manneken pisst rund um die Uhr an 365 Tagen im Jahr. Ausstellung täglich von 10–17 Uhr, im Winter z. T. nur bis 15 Uhr

Wichtiges

Mitte Juni und Ende August wird das Manneken in Umzügen gefeiert. Die Mattentaart feiert man Anfang August, die Muur steht bei der Flandernrundfahrt Anfang April oft im Mittelpunkt.

Im Wald der blauen Blumen. Wie ein Teppich legen sie sich über den Boden.

Hyacinthoides non-scripta, das Gewöhnliche Hasenglöckchen, auch Atlantisches Hasenglöckchen genannt, ist eine filigrane Zwiebelpflanze. Bei einer Wuchshöhe von ca. 30–40 cm kommt der Name vielleicht daher, dass die hübschen, leuchtend blauen Blütenglocken auf Augenhöhe mit den zur Blütezeit besonders aktiven Hasen stehen. Das milde Klima Westeuropas macht es möglich, dass sie in alten Buchen- und Eichenwäldern riesige, blau duftende Blütenteppiche ausbilden.

Rückzugsort

Einer dieser ganz besonderen Waldgebiete ist der Hallerbos, der Wald von Halle, wenige Kilometer südlich von Brüssel. Er ist mit seinen rund 550 Hektar ein Überrest des riesigen Urwaldes, der sich bis zum frühen Mittelalter quer durch das heutige Belgien zog und als undurchdringlich galt. Das führte dazu, dass sich hier die Sprachgrenze herausbildete, die noch heute besteht: im Süden das aus dem Latein der Römer abgeleitete Französisch, im Norden die Sprache der eingewanderten Germanen, das heutige Niederländisch. Doch nicht nur in der Sprachforschung ist der Hallerbos bekannt, sondern auch und vor allem als Rückzugsgebiet des wilden Hasenglöckchens. Das größte natürliche Vorkommen von *Hyacinthoides non-scripta* auf dem europäischen Kontinent zieht je nach Wetterlage ab Anfang April bis Mitte Mai Besucher in Scharen in dieses einst von allen gemiedene Waldgebiet.

Ein angenehmer Duft liegt in der Luft

Die zarte Blume liebt feuchte, bewuchsfreie Böden und den Schatten mächtiger Baumkronen. Sie entfaltet ihre Blütenpracht zusammen mit dem Laubaustrieb, was einen wunderbaren Farbkontrast ergibt. Die milde Frühlingsluft, der Duft der unzähligen Blüten, das Gezwitscher der Vögel hoch in den Bäumen erschaffen eine eigene, märchenhafte Stimmung, die man am besten am frühen Morgen genießen sollte. Noch ist es still, die vielen Besucher kommen erst am späten Vormittag. Ein Reh kreuzt vielleicht den Weg oder ein Hase. Wenn man sich dann ganz dieser besonderen Stimmung hingibt – aber auch nur dann – wird man vielleicht auch die Glöckchen klingen hören.

Wo?

Zufahrt u. a. von Halle über die Hallerbosstraat zum Parkplatz 5. Zwei 5 km lange Hasenglöckchen-Rundwege sind ausgeschildert. Infos und Lageplan auf www.hallerbos.be

Wann?

Blütezeit meist ab Mitte April bis Mitte Mai

Wichtiges

Ein Waldbistro befindet sich am P 5, zahlreiche Picknickbänke entlang der Wege. Auch zu anderen Jahreszeiten ist es ein herrliches Waldgebiet u. a. mit imposanter Allee aus mächtigen Mammutbäumen.

Ein ursprüngliches Brüsseler Viertel mit besonderem Charme.

Die Marolles von Brüssel – der Name stammt von einem mittelalterlichen Nonnenorden, der sich unter anderem um die Prostituierten der Stadt kümmerte – sind ein besonderes Viertel. Hier geht es schon immer handfester zu, hier spielt sich das Brüsseler Alltagsleben ab – häufig ziemlich ungeschminkt. Trotzdem oder gerade deswegen ist das Stadtviertel südöstlich des Grand Place durchaus ein Besuchermagnet.

Ungefilterte Hauptstadt

Doch wer Pomp und Eleganz, gewienerte Marmorfußböden oder goldenen Fassadenschmuck erwartet, sollte lieber im Stadtzentrum bleiben. Dann verpasst man allerdings ein ursprünglich gebliebenes Brüssel, ein traditionelles Arbeiterviertel, man verpasst schiefe Bordsteine und Stolperfallen, die legere Atmosphäre, das ein oder andere Schlagloch und eine ganze Menge an Antiquitäten- und Second-Hand Läden. Nicht zu vergessen beeindruckende Street-Art, nette Bars und Kneipen, Menschen aus allen gesellschaftlichen Schichten, Söhne und Töchter ehemaliger afrikanische Einwanderer, für die Brüssel seit Generationen Heimat geworden ist, Handwerker, manch alternatives Pärchen und vor allem den täglichen Flohmarkt auf dem Place Jeu de Balle.

Was das Sammlerherz begehrt

Hier findet man zwischen viel Sonderbarem das ein oder andere wunderbare Schnäppchen im Schatten der Kirche Notre-Dame. Antike Bilderrahmen, originelle Kleidung, Vasen, Vintage-Schilder, Stühle, Kissen, Deko-Krimskrams. Der Flohmarkt ist eine kleine Welt für sich und wie die Welt ungemein vielfältig ist, so trifft man hier auf alles, was schön, hässlich, gut erhalten oder bereits abgeblättert und angestaubt ist. Sollte sich auch mal nichts Passendes finden, eine Päuschen in einer der alternativen Kneipen oder traditionellen Estaminets mit Blick auf das Geschehen entschädigt für entgangene Kauffreuden. Dann bleiben immer noch die beiden Einkaufsstraßen des Viertels, die Rue Haute und die Rue Blaes. Spätestens hier wird jeder glücklich. Aus einer Stadt, der man zuweilen einen morbiden Charme nachsagt (der sich im Übrigen auch in den Marolles und in vielen Teilen Belgiens wiederfindet), kann man sicher kaum ohne ein solch charmantes Mitbringsel wieder nach Hause fahren.

Wo?

Quartier Marolles, östlich des Südbahnhofs von Brüssel, Metro Porte de Hal

Wann?

Marché au Puces (Flohmarkt) auf dem Platz Jeu de Balle täglich ab 9 Uhr bis in den Nachmittag. Geschäfte z. T. So und/oder Mo geschlossen

Wichtiges

Unbedingt einen Abstecher in eines der typischen Bistros um den Platz Jeu de Balle einplanen, z. B. in die Brasserie La Clef d'Or.

Delikatesse und esstechnische Herausforderung zugleich.

Neben Fritten ist kaum ein anderes Nahrungsmittel so typisch für Belgien wie Waffeln, französisch *gaufres,* flämisch *wafels.* Es gibt sie in unregelmäßiger, rundlich-elliptischer und in eckiger Form, wobei das Quadrat vermieden und dem Rechteck der Vorzug geben wird.

Die Kunst des Essens

Rechteckige Waffeln tragen den Namen der stolzen Stadt Brüssel, die rundlichen, etwas saftigeren den ihrer wallonischen Nachbarin Lüttich. *Au naturel,* lediglich mit Puderzucker bestäubt, sind sie eine wahre Delikatesse. Dessen ungeachtet bestellt man sie meist mit hübschen Sahnehäubchen verziert, zusätzlich gerne mit Erdbeeren, Schokocreme im Gittermuster oder Mandelsplittern. In einigen Kreationen werden zusätzlich Spekulatius-Gebäck, Bananenscheiben und Krokant darüber geschichtet, was aus der einfachen Waffel dann doch eine esstechnische Herausforderung macht, der manche nicht gewachsen sind. So landen viele der nicht nur in Brüssel verkauften Exemplare auf dem Boden, dem Pullover, dem Hemd oder den Shorts. Ganz Geschickte schaffen es, sich von oben bis unten nicht mit der Waffel, aber mit ihren Toppings so zu verschlabbern, dass bei Kindern Tränen fließen und Erwachsene in Schockstarre fallen. Schade um die Waffel ist es allemal. So sollte man also die nur allzu verständliche Gier danach etwas zügeln und sich dem Turm der geschmacklichen Verführung in geordneter Weise und vorsichtig nähern.

In jedweder Form

Neben den Waffeln im Straßenverkauf gibt es natürlich auch die edlen Exemplare in den Nobelpatisserien, andere sind vorgebacken und werden dann nur noch aufgewärmt. Man achte also darauf, dass das Preis-Leistungs-Verhältnis stimmt und die Waffel frisch aus dem Waffeleisen kommt.

Es gibt auch kleine, dünne und knackige Waffelplättchen (diese übrigens auch quadratisch). Sie sollen gar keine Belgierinnen sein. Man munkelt, sie stammten aus Dunkerque, was zwar flämisch klingt, aber (nord-)französisch ist. Natürlich bekommt man sie auch diesseits der Grenze und kann sie zudem viel besser mit nach Hause transportieren als die frischen Gaufres de Bruxelles oder de Liège.

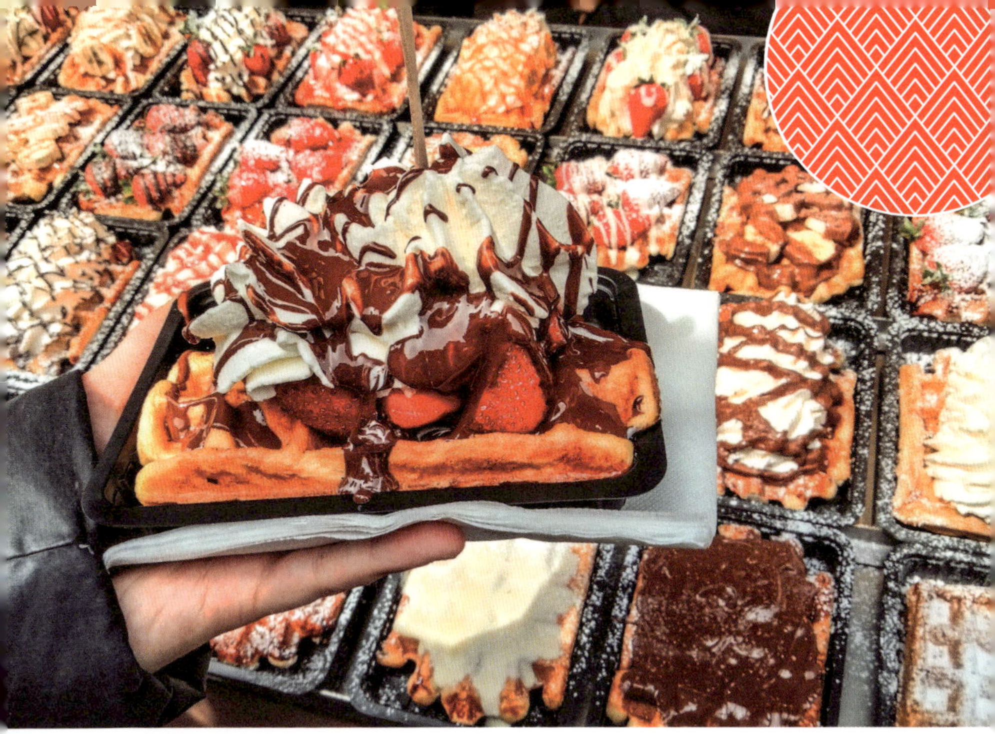

Wo?
Überall in Belgien, in Brüssel besonders lange Schlangen vor Le Gaufrier, Straßenverkauf in der Rue de Tabora 9 bei der Börse

Wann?
Waffeln kann man zu allen Tages- und Nachtzeiten essen.

Wichtiges
Verzehrhinweise (siehe links) beachten

Auf surrealen Spuren – mit René Magritte durch Brüssel.

Ein Apfel, der keiner ist; eine Pfeife, ein schwarzer Hut, ein wolkiger Himmel, zerborstene Fensterscheiben, eine mondhelle Nacht – Magrittes Motive sind alltäglich. Er verknüpft diese allerdings auf eine Weise, dass das Bild weit über das Reale hinausgeht. „... Und ich benutze die Malerei, um das Denken sichtbar zu machen", lautet eines seiner bekannten Zitate. In der berühmten Gemäldeserie „Das Reich der Lichter" kontrastiert Magritte einen taghellen Sommerhimmel mit nächtlichen Straßenszenen. Beim abendlichen Spaziergang durch Brüssel glaubt man, einige seiner Inspirationsquellen wiederzuerkennen. Die paradoxen Aussagen seiner Bilder scheinen irgendwie auch zu seinem Heimatland zu passen.

Zu Ehren eines Künstlers

Geboren 1898 in Lessines, 50 Kilometer westlich von Brüssel – gerade noch im französischsprachigen Landesteil, im benachbarten Gerhaardbergen wird schon flämisch gesprochen –, zog die Familie zuerst in die Industriestadt Charleroi, wo René den tragischen Selbstmord seiner Mutter erlebte. Nach einer kurzen Zeit in Paris wohnte er ab 1930 in Brüssel und hier sind auch seine bekanntesten Werke entstanden. Für Fans des Surrealismus ist die Stadt ein Muss. Nicht nur wegen des ihm vollständig gewidmeten Museums am noblen Place Royale bzw. dem Koningsplein. König Albert I. scheint hoch zu Ross bereits einen Seitenblick auf das hier im Jahre 2009 eingerichtete Musée Magritte zu werfen. Auch sein Wohnhaus – ein bescheidenes Reihenhaus im Stadtteil Jette, das er zwischen 1930–54 im Erdgeschoss bewohnte – kann besichtigt werden. Das Interieur ist originalgetreu rekonstruiert worden und gibt einen Einblick in das eher unaufgeregte Leben des berühmtesten zeitgenössischen Malers des Landes.

Magritte für Zuhause

Wer in den Museumsshops nicht fündig geworden ist, wird es sicher im Magritte-Shop an der Grand Place. Unter vergoldeten Treppengiebeln kann man hier im Lichte sphärischer Wolkenlampenschirme allerlei aufstöbern, was das Leben surrealer macht – angefangen von Magritte-Strümpfen bis hin zu Tischläufern und edlen Figuren aus seinen Gemälden, die jedes heimische Zimmer in die Gedankenwelt Magrittes transferieren.

Wo?

Musée Magritte, Place Royale 1, Brüssel. Maison Magritte (ehemaliges Wohnhaus), Rue Esseghem 135–137, Jette. Magritte Shop, Grand Place 6. www.visit.bruxelles.be, Suchbegriff: Magritte

Wann?

Museum Di–Fr 10–17, Fr/Sa 11–18 Uhr. Maison Mi–So 10–18 Uhr. Shop täglich 10.30–18.30 Uhr

Wichtiges

Auch online kann man sich im Shop umschauen und sich Surreales liefern lassen: www.magritte.com.

Entspannte Entdeckungen in Europa. Fremde Sprachen an jeder Ecke.

Es ist ein Spaziergang durch das europäische Regierungsviertel, auch wenn es sich offiziell nicht so nennt. 27 Länder haben ein Mitspracherecht bei europäischen Entscheidungen – und dass Menschen aus diesen 27 Ländern hier zusammenkommen, ist im Europaviertel von Brüssel nicht zu überhören. Der Spaziergang über den Place du Luxembourg zum Parc du Cinquantenaire führt vorbei an den Gebäuden der europäischen Institutionen und bietet neben außergewöhnlichen architektonischen Perspektiven auch unglaublich viel Natur und – ganz nebenbei – eine Menge Gelegenheiten, die europäische Sprachenvielfalt live zu erlauschen.

Mit jedem Schritt in einem anderen Land

Am quadratischen Square du Meeûs startet der Rundgang Richtung Luxemburger Platz. Im Schatten der Platanen haben sich hier exquisite Restaurants angesiedelt, von deren Terrasse man über die ehemalige Empfangshalle des Luxemburger Bahnhofs bereits das Europäische Parlament herausragen sieht. In der warmen Jahreszeit findet hier täglich ein europäischer Gourmetmarkt statt. Hinter dem alten Bahnhofsgebäude erreicht man die ovale Esplanade Solidarność, die an die gleichnamige Arbeiterbewegung im kommunistischen Polen der 1980er-Jahre erinnert. Hier findet sich mit dem Parlamentarium eines der zahlreichen Informationszentren der EU. Man spaziert durch den großen Durchgang und erreicht den Besuchereingang des Europäischen Parlaments, der am Rande des Parc Léopold inmitten gepflegter Grünanlagen liegt.

Die Farben der Einheit

An schönen Tagen spiegelt sich in den Glasfassaden der europäischen Bauten das tiefe Blau des Brüsseler Himmels, dazwischen glitzern goldgelb die reflektierten Sonnenstrahlen. Es sind die Farben der europäischen Flagge, die einen zum Haus der Geschichte Europas begleiten. Über die Rue Belliard und die Rue Froissart erreicht man das zweite Entscheidungszentrum der EU, das dreiflügelige Berlaymont-Gebäude, den Sitz der Europäischen Kommission. Von hier aus ist es nur einen Katzensprung in die Rue Archimède oder über den Kreisverkehr Robert Schuman zum Parc du Cinquantenaire, wo man den Spaziergang im gemütlichen Biergarten oder in einem der zahlreichen Lokale ausklingen lassen kann.

Wo?

Startpunkt des Spaziergangs: Metro Trône. Ca. 2,5 km zum Parc du Cinquantenaire

Wann?

Am schönsten bei Sonnenschein, wenn man auf den Terrassen der Bistros eine Pause einlegen kann.

Wichtiges

Der Besuch der europäischen Institutionen ist grundsätzlich möglich, muss meist aber vorab angefragt werden. Alle Infos auf european-union.europa.eu, Suchbegriff: Besuch

Sommerevent im königlichen Park – Musik erfüllt den Platz.

Schon seit 1781 wurden in den Gärten des Palastes der Statthalterin von Österreich, heute das königliche Palais, bei schönem Wetter Konzerte aufgeführt. 1913 erfolgte der Ausbau zum Open-Air-Tanzsaal für die Brüsseler Bevölkerung, später fiel das ganze Areal in einen Dornröschenschlaf. Lange Zeit glich die Ecke eher einem Lost Place inmitten des königlichen Parc de Bruxelles. 2017 wurde aus dem Aschenputtel eine schöne Prinzessin, aus dem verwahrlosten Gebäudekomplex Brüssels angesagte Sommerlocation. Der Name ist seit dem 18. Jahrhundert gleich geblieben: Vaux Hall de Bruxelles, benannt nach dem Lustgärtchen im gleichnamigen Stadtteil Londons.

Alles rund um die Musik

Mit dem Vaux Hall Summer knüpft die Stadt an die großen Zeiten der Brüsseler Belle Epoque an. Allerdings braucht man hierzu weder Federboa noch Melone, auch Charleston und Twist sind seltener zu hören. Dafür wird jedes Jahr von Juni bis August ein abwechslungsreiches Sommerprogramm geboten, das von Klassik, Pop und Jazz unterm Sternenzelt über Open-Air-Kino bis zu Tanzworkshops reicht. Immer dabei – die glamouröse Kulisse der Kulturoase am Rande des größten Parks der Innenstadt, der zu allen Jahreszeiten zum entspannten Bummeln, Joggen, Lesen und Beobachten einlädt.

Auf das Ambiente kommt es an

In der Zeit der kurzen Nächte, eine Woche vor Sommeranfang, erwacht die Vaux Hall zum Leben. Nicht nur der elegante Pavillon lässt das beginnende 20. Jahrhundert wiederaufleben, auch die üppige Dekoration aus exotischen Pflanzen ist am Geschmack der Belle Epoque orientiert. Alles ist stimmig, von der Bestuhlung über die Bühne bis zur Beleuchtung. Mit den ersten kühlen Abenden Ende August wird wieder abgebaut. Doch auch danach lohnt es sich, einen Blick durch das Gitter und hinter die Büsche im Parc de Bruxelles zu werfen, oder man macht einen kleinen Umweg über den Parkplatz des Théatre Royal an der repräsentativen Rue de la Loi. Die schicken Pavillons mitten im Grünen machen Lust darauf, im kommenden Sommer nochmal herzukommen und den Ort bei Blues, Jazz und leckeren Drinks oder beim Tanzen mit allen Sinnen zu genießen.

Wo?

Vaux Hall in der nordöstlichen Ecke des Parc de Bruxelles. Zugang von der Parkseite oder über das Königliche Theater an der Rue de la Loi

Wann?

Vaux Hall Summer Mitte Juni bis Mitte August, jeweils Do–Sa ab Spätnachmittag, So bereits vormittags. vauxhallsummer.brussels

Wichtiges

Die Teilnahme an den Events, Workshops und Programmen kostet keinen einzigen Cent.

Durch Brüssel mit den Comic-Helden – nicht nur der Kindheit.

Ein verschmitzter Page mit Mondgesicht, der im Hotel Mücke seinen Dienst versieht, ein cooler Cowboy auf einem Pferd mit goldener Mähne, der ohne Furcht und Tadel gegen die Dalton-Brüder und für Gerechtigkeit kämpft, blaue Zwerge in übergroßen schlumpfigen Mützen. Marsupilami „hubba-hubbat" durch die Welt, womit er alles benennen kann, was wichtig ist. All das hat die Welt Belgien zu verdanken.

Unterschätzte Kunst

Pierre Culliford, Joseph Gillain und Morris sei Dank: Spirou, Lucky Luke und die Schlümpfe, im Original *les Stroumpfs* genannt, was auch in deutscher Sprache nach „klein, gedrungen und niedlich" klingt. Alle diese Figuren stammen aus belgischen Zeichenfedern, die damit dem europäischen Comic zu Weltruhm verhalfen – in Konkurrenz zu Wald Disneys Mickey, Donald und Co. von der gegenüberliegenden Seite des Atlantiks.

Mit diesen großen Namen hat sich in Belgien der Comic als Kunstgattung so etabliert, dass 60 % aller in Belgien herausgegebenen Bücher diesem Genre zuzurechnen sind. Es gibt über 700 Comiczeichnerinnen und -zeichner, wenn auch nur wenige von ihnen es zu Ruhm und Ansehen gebracht haben, womit sie ihren Geschichten dann wieder recht nahekommen.

Unterhaltsam und lehrreich

Denn für die Helden der belgischen Comics ist so manches Fettnäpfchen reserviert – neben dem großen Erfolg steht auch immer das Scheitern. Gaston, die Hauptfigur in der gleichnamigen Comicreihe von André Franquin, darf mit einem grünen Schlabberpulli auf der Suche nach dem Sinn des Lebens allen im Weg stehen, die glauben, ihn bereits gefunden zu haben. Man kann sich gut mit ihm und all den anderen Figuren identifizieren, über sie und damit die eigenen Fehler und Schwächen lachen.

Brüssel ehrt die belgische Comickunst mit einem eigenen Comic-Museum und großformatigen Wandbildern, die man auf einer ausgewiesenen Comicrunde entdecken kann. Dass man dabei auch in weniger schicke Ecken gelangt, gehört zur Comic-Kunst wie auch zur belgischen Hauptstadt dazu.

Wo?

Plan der Comicroute auf www.visit.brussels/de/besucher/praktisches-reiseplanung/comic-parcours.
Comic-Museum im Jugendstil-Kaufhaus Horta, Rue des Sables

Wann?

Comicroute ganzjährig bei trockenem Wetter; Museum Di–So 10–18 Uhr

Wichtiges

Tim und Struppi aus der Feder von Hergé ist ein eigenes Museum im nahen Louvain-La-Neuve gewidmet, siehe auch Soul Place 25.

Glaskuppeln, geschwungene Treppenhäuser, florale Türen.

Geschwungene Linien, Blumenornamente, filigran sich nach oben windende Rankpflanzen – und das alles aus Gusseisen: als Balkonstütze, als kunstvolle Glasmalerei im Wintergarten oder als Tischbein aus Holz. Brüssel galt um das Jahr 1900 als eine der Jugendstilhauptstädte Europas. Rund 1000 Häuser und Bauwerke sind bis heute im Stadtgebiet erhalten, deren Architekten berühmte Namen wie Gustave Strauven und Victor Horta tragen.

Spannende Kunst-Epoche

In Belgien, dem ersten industrialisierten Land auf dem Kontinent, wurde ziemlich früh mit dem neuen Baustoff Eisen und industriell hergestelltem Glas experimentiert. Ein zweiter Trend schwappte über den Ärmelkanal nach Belgien herüber – die englische *Arts and Crafts*-Bewegung, welche die traditionelle Handwerkskunst wiederaufleben ließ. Die Ergebnisse beider Entwicklungen des späten 19. Jahrhunderts lassen sich in Brüssel bewundern, darunter auch zahlreiche atemberaubende.

Einige dieser außergewöhnlichen Bauten können auch besichtigt werden, sind gleichzeitig Architekturdenkmal und Museum des Jugendstils. Glaskuppeln, geschwungene Treppenhäuser, edles Mobiliar in abgerundeter Form, faszinierende Fassadenmosaiken, die an Gemälde von Gustav Klimt erinnern, filigrane Treppen- und Balkongeländer, florale, anmutige Fenstereinfassungen und Türen, selbst der Bodenbelag präsentiert sich in fließendem Dekor.

Wie ein roter Faden durch die Stadt

So mancher Besucher hat sich so sehr in all diesen stilisierten Rankornamenten verfangen, dass ihn der Jugendstil nicht mehr loslässt und er gebannt von einem Gebäude zum nächsten wandert. Mit fünf ausgewiesenen Jugendstilspaziergängen sorgt die Tourist-Information Brüssel dafür, dass man sich dabei nicht verläuft. Man gelangt so auch in etwas periphere Stadtviertel wie Ixelles oder ins Viertel um den sehenswerten Platz Ambiorix. Sechs der vorgestellten Gebäude sind auch für Besucher zugänglich, darunter das ehemalige Wohnhaus des Architekten Horta, heute Brüssels Jugendstilmuseum. Hier hat alles seinen Platz und seine ästhetische Funktion: von der Vase bis zum Türblatt elegant geschwungene Lebensart.

Wo?

Broschüre Art-Nouveau Brüssel – fünf Jugendstilrouten, u. a. um den Platz Ambiorix, den Square Marie Louise und in den südlichen Stadtteilen St-Gilles und Ixelles, erhältlich im Tourist-Office, Grand Place, 5 €

Wann?

Besichtigungen ganzjährig möglich. Der Pass Art Nouveau ermöglicht reduzierten Eintritt. www.visit.brussels/de/besucher/unternehmungen/die-10-schoensten-jugendstilbauten-in-bruessel

Wichtiges

Beim Spaziergang unbedingt eine Pause z.B. auf dem hübschen Place Petit Sablon einlegen.

Unterhalb des Atomiums liegen Brüssels wohl schönste Gärten.

Belgiens Hauptstadt ist von einem Ring wundervoller Grünanlagen umgeben, im Süden der Bois de la Cambre mit Kloster und See, im Osten der weitläufige Park von Tervuren beim gleichnamigen Schloss, in dem das Afrikamuseum seinen Platz gefunden hat und die koloniale Vergangenheit des Landes thematisiert. Auch im Nordwesten der Stadt lässt sich in außergewöhnlichen Parks flanieren.

Das Wahrzeichen über den Köpfen

Auf dem Heysel-Plateau über dem Vorort Laeken erhebt sich Brüssels bekannteste Sehenswürdigkeit, das Atomium, anlässlich der Weltausstellung 1958 errichtet und bis heute der ganze Stolz der Nation. Zu seinen Füßen liegen der Parc d'Osseghem und der Jardin Colonial, beides Landschaftsparks im englischen Stil. Ihre Wiesen leuchten im Frühjahr im Goldgelb der Osterglocken, von ihnen genießt man eindrucksvolle Aussichten auf die silbrig glänzenden Atomkugeln des Brüsseler Wahrzeichens.

Doch wie so oft, das Außergewöhnliche ist nicht immer zu haben und so ist es auch in Laeken: Die wohl schönste Parkanlage im ganzen Land steht nur für wenige Wochen im Jahr Besuchern und Besucherinnen offen. Der Andrang ist dann groß und ohne vorherige Reservierung kommt man nicht hinein in die Welt der beiden Léopolds. Nach der Unabhängigkeit Belgiens 1830 wählte König Léopold I. das Schloss von Laeken zum hauptstadtnahen Wohnsitz, sein Sohn, der wegen seiner Kolonialpolitik im belgischen Kongo äußerst umstrittene Leopold II., erweiterte die Anlage um die phantastischen Gewächshäuser.

Den Pflanzen der Welt ganz nah

In graziler Eleganz sind Glas und grün gestrichene Eisenkonstruktionen zu einem Universum für fremdländisch-tropische Pflanzen aller Art komponiert. Die Palmen, Zitrusbäume und Baumfarne, zum Teil über 100 Jahre alt, verbreiten eine exotische Atmosphäre, die an 344 Tagen des Jahres einzig dem Königshaus vorbehalten ist. Nur drei Wochen im Jahr wird der Öffentlichkeit Zugang gewährt.

Wer es dann wieder einmal nicht geschafft hat, eines der begehrten Tickets zu erhaschen: Die anderen Parkanlagen Laekens sind auch äußerst reizvoll und kommen im Übrigen ohne aristokratische Allüren aus – sie sind rund ums Jahr auch für Bürgerliche geöffnet.

Wo?

Alle Parkanlagen in Laeken, Metro-Linie 6-Stuyvenbergh. Königliche Gewächshäuser, Avenue du Parc Royal 61. www.monarchie.be, Suchbegriff serres-royales-de-laeken

Wann?

Parc d'Osseghem und Jardin Colonial täglich geöffnet, der Königliche Park mit den Gewächshäusern Mitte April–Anfang Mai

Wichtiges

Wer die Königlichen Gewächshäuser besuchen will, sollte schon mehrere Monate im Voraus Tickets online besorgen.

»In graziler Eleganz sind Glas und grün gestrichene Eisenkonstruktionen zu einem Universum für fremdländisch-tropische Pflanzen aller Art komponiert.«

Eine abenteuerliche Comicfamilie mit großen und kleinen Schwächen.

Vielen werden die Schöpfungen des Ausnahmekünstlers mehr sagen als der Künstler selbst, aber ohne Georges Prosper Remi alias Hergé hätte es sie nie gegeben: Tim und Struppi, Kapitän Haddock, Professor Bienlein, die Sängerin Bianca Castafiore, das schusselige Detektivpärchen *Dupont et Dupond*, auf Deutsch Schulze und Schultze, und all die anderen Figuren aus den 24 Bänden, mit denen Hergé den Comic zur anerkannten Kunstgattung erhoben hat.

Eine Reise um die Welt und durch die Zeit

In Louvain-La-Neuve wurde dem Künstler ein ganzes Museum gewidmet. Der moderne Bau ist selbst ein Kunstwerk: zwei schräg zueinander gerichtete Betonkuben mit verbindendem Glasbau. Innen wird die Welt Hergés zum Leben erweckt. Man besichtigt dieses Museum nicht, man erlebt die Geschichten der Comicfiguren mit, fliegt zum Mond, durchkämmt mit der Piroge den Dschungel des Amazonas auf der Suche nach dem Arumbaya-Fetisch, taucht mit dem Haifischboot zur Licorne, dem legendären Wrack auf dem Meeresboden, wo sich das Geheimnis des Schiffsmodells offenbaren soll, das Tim zuvor auf einem Flohmarkt (Hergés Inspiration hierzu war der Brüsseler Marché Jeu de Balle) erstanden hat. Im nächsten Abenteuer reist man mit *Tintin et Milou* (so die frz. Originalnamen) ins China des frühen 20. Jahrhunderts und erlebt den Opiumkrieg auf seine ganz eigene, abenteuerliche Weise mit.

Spiegel der Gesellschaft

Die Entstehung der Comic-Charaktere wird ebenso anschaulich dargelegt wie der historische Hintergrund, die Zeit des Kolonialismus und der technischen Erfindungen. Auch der Philosoph Michel Serres kommt zu Wort: Hergés farbenfrohe, exotische, lebendige Zeichnungen und die etwas schrägen, vielfältigen Charaktere seien immer auch Ausdruck der typischen widersprüchlichen Eigenheiten der Menschen und hätten daher hohen Wiedererkennungswert. Vielleicht ist das der Grund, warum kaum jemand das Museum verlassen wird, ohne irgendeine Hergé-Devotionalie erstanden zu haben, sei es ein Tim-und-Struppi-Shirt, ein Haddock-Bierglas oder einen kleinen Professor Bienlein als Tischfigürchen.

Wo?

Musée Hergé, Rue du Labrador 26, 1348 Louvain-la-Neuve (Ottignies)

Wann?

Di–Fr 10.30–17.30, Sa/So bis 18.30 Uhr. Museumsapp mit Audioguide auch auf Deutsch verfügbar. www.museeherge.be

Wichtiges

Nicht verpassen: Im Fotoshop des Museums kann man eine individuelle E-Card mit Tim-und-Struppi-Motiven erstellen.

Im Land der zwei Löwen – wenn eine Stadt nicht genug ist.

In Belgien gilt das Territorialprinzip. Das Überschreiten der Regionalgrenzen macht sich unmittelbar im abrupten Wechsel der Amtssprache bemerkbar. Das war allerdings nicht immer so: Nach seiner Gründung 1830 dominierte in Belgien das Französische. Das mit dem Niederländischen fast identische Flämisch war als „Sprache der Bauern" verrufen. Mit dem wirtschaftlichen Aufstieg Flanderns – parallel dazu setzte der Niedergang der Kohle- und Stahlindustrie im französischsprachigen Wallonien ein – verschärfte sich der Streit um Sprache, Mentalität und Heimatstolz und eskalierte in einer der geschichtsträchtigsten Städte des Landes, Leuven bzw. Louvain.

Kleine Revolution

Die auf Deutsch Löwen genannte Stadt liegt im flämischen Teil Brabants und besitzt die älteste Universität Belgiens, 1425 durch Papst Martin V. gegründet. Und hier, genauer in der französischsprachigen *Université Catholique de Louvain,* kam es 1966 zur Revolte, zu tumultartigen Aufständen der flämischen Studierenden gegen die Benachteiligung ihrer Muttersprache. Die Löwener Lösung war eine typisch belgische: Der in Leuven verbleibende Uniteil nannte sich von nun an *Katholieke Universiteit,* der frankophone Teil zog sich 20 Kilometer nach Süden hinter die sprachliche Demarkationslinie zurück. Hier, im Nirgendwo der französischsprachigen Hügellandschaft nahe Brüssel, wurde die Neue Universität von Louvain gegründet – und eine Stadt im typischen Betonstil der 1970er-Jahre gleich dazu.

Gegensätze

So gibt es seit den frühen Siebzigern gleich zwei Löwen, die unterschiedlicher kaum sein könnten und doch Studentenstädte par excellence sind. Das alte Leuven kann als touristisches Ziel mit herrlichen historischen Bauten wie dem gotischen Rathaus, dem stimmungsvollen Beginenviertel und der Universitätsbibliothek aufwarten und zelebriert zu allen Jahreszeiten lockeres Studentenleben. Louvain-la-Neuve, das neue Löwen, ist dagegen eine moderne Retortenstadt und im Zentrum völlig autoverkehrsfrei. Beide lohnen, entdeckt zu werden. Und vielleicht nimmt man dann neben den architektonischen Unterschieden auch die feinen, über die Sprache hinausgehenden Nuancen in Lebensstil und Mentalität wahr, die auch heute noch ganz Belgien prägen.

Wo?

Leuven und Louvain-la-Neuve (LLN) liegen in der Region Brabant, 24 km Luftlinie voneinander entfernt. www.visitleuven.be und tourisme-olln.be

Wann?

In der Vorlesungszeit bieten die Städte Studentenleben pur; die Kneipen sind voll und es gibt viele Konzerte und Veranstaltungen.

Wichtiges

Beide Löwen karren im Sommer tonnenweise Sand heran, um Strandfeeling in ihre Stadt zu zaubern.

Bier aus dem belgischen Nationalgemüse gibt es in der Öko-Brauerei.

Nördlich von Brüssel wird's flach. Kanäle durchziehen die Ebene, links und rechts breiten sich Getreidefelder aus, dazwischen Gehöfte mit mächtigen Hoftoren. Eines davon ist der Hof ten Dormaal. Er grenzt hübsch an einen Weiher. An seinen Ufern wachsen Rohrkolben und Schilf, einfache Holztische und -bänke stehen daneben. An der Hofmauer stapeln sich eine Menge Kisten, tiefe Radspuren durchfurchen den Straßenrand. Man sieht, dass hier gearbeitet wird. Und genau das macht die Atmosphäre dieses Ortes aus, der auch sonst Besonderes zu bieten hat: Hof ten Dormal ist eine der wenigen Brauereien im Land, die ihre Rohstoffe, Gerste und Hopfen, selbst anbaut.

Der Fantasie sind keine Grenzen gesetzt

Belgien ist das Land des Bieres, kein Reinheitsgebot schränkt den Ideenreichtum der Brauereien ein. Gerne wird Hochprozentiges kreiert, die belgischen Fruchtbiere sind legendär. 1700 Biersorten soll es geben, Hunderte von Brauereien verteilen sich über das ganze Land. Fast jede glänzt mit einem eigens designten Bierglas, um sich nicht nur geschmacklich von der Konkurrenz abzuheben.

Produktion und Ausschank in einem

Der Hof ten Dormaal ist ein Familienbetrieb. Vater Andre leitet seit 1998 die Firma, Sohn Driest sorgt sich um die *Mouterij,* das Mälzen der Gerste. Der jüngste, Jef, hat das Brauerhandwerk von der Pike auf gelernt und ist verantwortlich für den Brauprozess. Das Ergebnis dieser Zusammenarbeit kann sich sehen bzw. schmecken lassen. Im Sommer öffnet die naturnahe Uferbar, gezapft und ausgeschenkt wird am mobilen Bierwagen im Hofgelände. Wenn es kälter wird, macht man es sich im urigen Gastraum gemütlich. Typisch Flämisches aus der kleinen Küche sorgt für die Grundlage, sodass man nicht schon nach zwei Gläsern kapitulieren muss.

Besonders stolz ist man auf das Witloof, ein Bier auf der Basis der Chicorée-Wurzel. Das hat seinen Grund. Nur wenige Kilometer südlich landet man nämlich in Kampenhout, der Chicorée-Hauptstadt des Landes. Im Unterschied zu deutschsprachigen Ländern werden hier aus dem bleichen Schattengewächs mit der bitteren Note nicht nur Salate, sondern auch Gemüseaufläufe, Suppen, Quiches oder – Bier kreiert. *Heerlijk eten en drinken. Proost!* Lasst es euch schmecken!

Wo?

Caubergstraat 2, 3150 Tildonk/ Haacht. Von Tildonk den Vaartdijk (Uferweg der Dilje) nehmen, dann in den Kasteeldreef einbiegen. Auch mit dem Rad von Mechelen oder Leuven einfach zu erreichen. N 50.95037, E 4.66458

Wann?

Shop im Sommer täglich 10–17 Uhr, im Winter nur Samstag. Sommerbar Fr Abend und Sa/So Nachmittag geöffnet. www.hoftendormaal.com

Wichtiges

Führungen jeden Samstag, 15 Uhr. Reservierung über sales@hoftendormaal.com

Goldener Oktober in der Stadt des Glockenspiels.

Es ist ein klarer Oktobertag. Auf dem Sint-Rombouts Kirchhof und am Dilje-Ufer leuchten die Blätter der Bäume von goldgelb bis samtrot. In der klaren Luft zeichnen sich die Konturen der bunten Stadthäuser am Vijsmarkt exakt gegen den hellblauen Himmel ab, reflektieren ihre Fassaden im spiegelglatten Wasser der Dilje. Das bescheidene Flüsschen teilt sich vor der Stadt und macht aus dem Zentrum von Mechelen eine fast kreisrunde Insel.

Den Klängen lauschen

In der Mitte dieser Insel erhebt sich stolz ein mächtiger Turm, dem man seine 800 Jahre ansieht. Massives Mauerwerk, zinnengekrönt, im Mittelalter ein Ausblick und Bollwerk gegen Eindringlinge. Sein Innenleben offenbart der Turm der Kirche des Heiligen Rumbolds alle 7½ Minuten, wenn das berühmte Glockenspiel ertönt. Acht Mal pro Stunde erklingen ganze Melodien, zuweilen sind es bekannte Lieder, traditionelle und moderne Songs, gelegentlich ist sogar ein Radiohit darunter. Mechelens Turm der *Sint-Romboutskathedraal,* so der flämische Name der Kirche, gehört zu den zahlreichen Belfrieden, die in Belgien und Nordfrankreich von der UNESCO als Weltkulturerbe ausgezeichnet wurden. Meist sind es an das jeweilige Rathaus angelehnte, massive Verteidigungstürme, in denen sich das Selbstbewusstsein der Bürger gegenüber Adel und Kirche materialisiert.

Für die Bürger der Stadt

Mechelens Turm bildet eine Ausnahme: Er ist als Kirchturm konzipiert. Das *Carillon,* das Glockenspiel, war von Anfang an ein wichtiges Element des Belfrieds, denn damit konnte man unabhängig von der Kirche den Bürgern die Zeit ansagen, sie informieren bzw. warnen. Mechelens Glockenspiel ist dabei ein ganz besonderes. Es besteht aus zwei unabhängigen Anlagen, die größere umfasst 42 Glocken, die noch immer von ausgebildeten *Carilloneurs* bespielt werden. Dazu braucht es neben Kompetenz vor allem Kraft und Körpereinsatz, denn die schweren Glocken müssen über starke Seile in Gang gesetzt werden.

Wem das nahe Antwerpen zu voll und das ebenso nahe Brüssel zu hektisch ist, der findet – nicht nur im Herbst, dann aber ganz besonders – in Mechelen ein tolles Ziel zum Shoppen, Essen, Trinken, Flanieren und natürlich zum Hören.

Wo?

Mechelen liegt auf halbem Weg zwischen Antwerpen und Brüssel. **St-Rumbolds-Turm, Onder-Den-Toren 12.** Tickets über visit.mechelen.be/de oder in der Touristinfo, Vleeshouwersstraat 6

Wann?

Ein sonniger Herbsttag zaubert in der schicken, vorbildlich restaurierten Stadt ganz besondere Stimmungen.
Sint-Rombouts-Turm täglich 13–18, Sa schon ab 10 Uhr

Wichtiges

In Mechelen ist auch die Königliche Glockenspielschule ansässig. Besuchsanfrage über die Touristinfo

»In der klaren Luft zeichnen sich die Konturen der bunten Stadthäuser am Vijsmarkt exakt gegen den hellblauen Himmel ab, reflektieren ihre Fassaden im spiegelglatten Wasser der Dilje.«

Besinnliche Stille. Ein Spaziergang durch enge Gassen und blühende Gärten.

Über die weiß getünchte Mauer ragen die orangeroten Blüten des Trompetenstrauchs hervor. Sie wachsen in dem Garten, der sich geheimnisvoll hinter diesen Mauern verbirgt. Das halbmorsche Tor könnte Einblick gewähren. Doch es ist verschlossen. An anderer Stelle blühen Hortensien, wächst ein Gänseblümchen neben Moosen und Klee aus den Fugen des Straßenpflasters. Wilder Wein umrankt die alten Straßenlaternen, deren grüne Farbe bereits abblättert.

Mit sich im Reinen

In den engen Gassen hallen die Schritte an den Mauern der Häuser wider, in denen bis vor einigen Jahrzehnten noch Nachkommen der Frauen lebten, die sich seit dem Mittelalter Beginen nannten. Als solche wurden die Gemeinschaften von Witwen und unverheirateten Frauen bezeichnet, die nicht in der Obhut eines Ordens standen und so ein von Männern unabhängiges Leben führten. Im Beginenviertel von Lier wird auch heute noch deutlich, dass dieses Leben eher ein stilles, kontemplatives war. Wie ein Kloster waren die Beginenhöfe von hohen Mauern umgeben, die abends und nachts Schutz boten. Nur tagsüber standen die Tore zur Welt außerhalb offen.

Eine eigene Welt

In Lier ist das Beginenviertel vollständig erhalten und strahlt bis heute einen unwiderstehlichen Charme aus. Einige der zweigeschossigen Häuser werden gerade behutsam renoviert, um Wohnraum für Familien zu schaffen. Autos müssen draußen bleiben, in vielen der äußerst schmalen Gassen wäre sowieso kein Durchkommen. Fahrräder lehnen an den Fassaden, zwei Mädchen unterhalten sich auf den Stufen der barocken Kirche, die der heiligen Magdalena gewidmet ist. Innen wie außen ist es eine sehr besinnliche Welt. Wandreliefs, Statuen, Malereien und Bibelzitate erinnern daran, dass in diesem Viertel die Religion eine große Rolle spielt, es ist sozusagen eine Open-Air-Kirche zum Leben und Wohnen.

„Ssssst – laten we de luxe vom stilte hebben." Auf der Fensterscheibe eines Eckhauses ist diese Zitat der englischen Schriftstellerin Jane Austen zu lesen. Psst – genießen wir diese Ruhe mitten in der Stadt. Und diese ist heute noch viel seltener geworden, als sie es zur Zeit der Autorin war.

Wo?

2500 Lier, Portale Begijnhofstraat, Schapekoppenstraat und am Stadtmauerweg *(stadvest)* am Ufer der Nete.
www.visitlier.be

Wann?

Rund um die Uhr geöffnet, ab 22 Uhr Nachtruhe

Wichtiges

Die Stille des Beginenviertels schärft den Blick für scheinbar unbedeutende Kleinigkeiten. Also einfach mit offenen Augen durch die Gassen wandeln.

Schokolade macht glücklich – besonders belgische Pralinen.

Der Hauch edler Schokolade empfängt Besucher am Eingang des Palais op de Meir, in Räumlichkeiten, die selbst einem Château zur Ehre gereichen. Historische Landschaftsgemälde, in Gold gerahmt, zieren die Wände, ein mächtiger Kronleuchter erhellt den hohen Raum, der Holzfußboden knarzt bei jedem Schritt. Die Schokoladenkreationen von Dominique und Julius Personne werden wie Schmuckstücke präsentiert. Sie sehen auch so aus und – das wichtigste – ihr Geschmack ist so wundervoll, dass der französische Gourmetführer Gault-Millau die Auszeichnung „Bester Chocolatier Belgiens 2023" verliehen hat.

Schokolade ist nicht gleich Schokolade

Was den Deutschen ihr Bier ist den Belgiern ihre Schokolade: Seit 2007 garantiert ein Reinheitsgebot den weitaus höheren Kakao-Anteil als in anderen Ländern (nämlich 47 % im Durchschnitt), die hochwertige Bohnen-Auswahl und die reine Kakaobutter für die besonders feine Schokoladenstruktur. So zergeht belgische Schokolade, meist in Form der hier 1912 von dem Schweizer Jean Neuhaus erfundenen Praline, zartschmelzend auf der Zunge: Bis heute ein (durchaus erschwingliches) Luxusprodukt, hergestellt von den bekannten großen Produzenten und von kleinen Familienbetrieben.

Wenn Essen zu Kunst wird

The Chocolate Line gehört zu den innovativen belgischen Chocolatiers, die mit jeder ihrer Pralinen ein Gesamtkunstwerk erschaffen. Verlässt man den Laden, wird einen das Glücksgefühl noch lange begleiten und sich erst recht einstellen, wenn man die erste der erstandenen Pralinen kostet. Schon bei den Namen läuft einem das Wasser im Mund zusammen: *Paloma, Red Lips, Cabernet, Tiger Mango, Deadly Delicious.* Der beileibe nicht immer kakaobraune, feste Schokoladenrand knackt beim vorsichtigen Zubeißen. Sobald man zum Inhalt vorgedrungen ist, wird sich jede der vielfältigen süß-herbfruchtigen Nuancen Schritt für Schritt entfalten. Man schmeckt den Lavendel der Provence, glaubt sich in einer Tabakplantage auf Cuba, taucht ein in einen See voller Grapefruit-Gelee. Die „Petit Chocolat" versetzt für einen Augenblick in eine paradiesische Welt. Daher sollte man sich unbedingt auch Zeit nehmen. Die echte belgische Praline will nicht konsumiert, sondern langsam erobert und in all ihren Nuancen erkostet werden.

Wo?

The Chocolate Line, Paleis op de Meir, Meir 50, 2000 Antwerpen, +32 32062030. Auch in Brügge gibt es einen Laden. www.thechocolateline.be

Wann?

Di–Sa 9.30–18.30 Uhr, So/Mo ab 10.30 Uhr

Wichtiges

The Chocolate Line verwendet überwiegend südamerikanischen Kakao aus nachhaltiger Produktion und stellt daraus neben Pralinen u. a. auch königliche Schaumküsse her.

Runter-rüber-rauf: Dinosaurier aus der Industrieära.

Es rattert, surrt und rumpelt ohne Unterlass. Ein leicht öliger, gummiartiger Geruch steigt in die Nase. Helles Neonlicht empfängt uns, die Luft ist trocken und fühlt sich etwas abgestanden an. Kein Ort zum Verweilen – dafür ist er auch nicht geschaffen. Es ist ein Ort zum Durcheilen, wobei die Geschwindigkeit auf 5 km/h begrenzt ist.

Aus einer anderen Zeit

Seit bald 100 Jahren tun die hölzernen Rolltreppen im Sint-Annatunnel ihren Dienst und transportieren Passantinnen und Passanten zwei Stockwerke hinab, 31 Meter unter den Wasserspiegel der Schelde, zur 4,30 Meter breiten Tunnelröhre, deren Charme darin besteht, dass man sie nach 572 Metern schnell (mit dem Rad) oder langsam (zu Fuß) wieder hinter sich lassen kann.

Was auf den ersten Blick wenig verführerisch klingt, entpuppt sich auf den zweiten als ein einzigartiges Industriedenkmal und auf den dritten als ein touristisches Gratis-Juwel in der Stadt der Diamanten. Wer einmal angebissen hat, kommt nicht mehr von ihm los. Man fährt auf und ab, eilt im Tunnel hin und her, nutzt beim nächsten Mal das mitgebrachte oder ausgeliehene Rad, *Linkeroever,* ans andere Ufer der Schelde. Das geht auch mit der ebenfalls kostenlosen Fähre, doch ist diese nur zu festen Zeiten und nicht am Abend unterwegs. Auch fehlt ihr der Touch der 1930er-Jahre, der sich nicht nur im Geruch, den Geräuschen, dem abgewetzten Holz und den metallenen Stufeneinfassungen zeigt, sondern auch im klebrigen alten Gummi der Handläufe, den originalen Hinweis- und Warnschildern wie auch in den Bildergalerien der Auf- und Abfahrten, die den Sint-Anna-Strand der Vorkriegsjahre als Badeziel anpreisen.

Durch den Tunnel zum Badestrand

Das war und ist noch immer Antwerpens Sommerhighlight. Bei Ebbe räkelt man sich hier in der Mittagssonne mit Blick auf die Skyline. Wer nach Sonnenuntergang den Weg über Rolltreppen und Röhre hierhin findet, wird von einem überwältigenden Panorama überrascht: In einem tiefdunklen Blau fließt die Schelde zur Nordsee hin, golden spiegeln sich die Türme des Rathauses und des Domes auf der Wasseroberfläche wider. An lauen Sommerabenden trifft man sich zum Tango.

Wo?

Unter der Schelde zwischen dem Platz am Sint-Jansvliet im südlichen Stadtzentrum und dem gegenüberliegenden Stadtteil Sint-Anna

Wann?

Rolltreppen 9–22, am Wochenende bis 21 Uhr in Betrieb. Alternativ und rund um die Uhr gibt es Aufzüge.

Wichtiges

Das Rad darf auf der Rolltreppe mitgenommen werden. Hunde wegen der Verletzungsgefahr tragen. Menschen mit Klaustrophobie sollten den Tunnel meiden.

Belgiens Tor zur Welt. Reich an Geschichte und neo-futuristischen Bauten.

Er war im 16. Jahrhundert das Handelszentrum Europas, **am Anfang des 20. Jahrhunderts** Umschlagplatz für die Reichtümer der belgischen Kolonie Kongo, Ende 1944 wichtigster Stützpunkt der Alliierten. Von hier starteten um 1900 die Auswanderer auf den Schiffen der Red Star Line in die Neue Welt. **An diesem Ort** landet eines der kostbarsten Güter an, das Schiffe transportieren können: Diamanten. Antwerpens Hafen erstreckt sich beidseits der Schelde bis zur niederländischen Grenze und steckt voller Geschichte, Geschichten und fotogener Perspektiven.

Mittelpunkt

Über die Trichtermündung der Schelde gelangen Schiffe mit Zielhafen Antwerpen 80 Kilometer weit ins Landesinnere. Dabei passieren sie niederländisches Staatsgebiet, was sich der nördliche Nachbar bis 1863 mit einem erheblichen Wegezoll bezahlen ließ. Der Hafen Antwerpern ist zurzeit nach Rotterdam der zweitgrößte aller europäischen Häfen und besitzt eine der größten Schleusen der Welt, die ihn von den Gezeiten der Nordsee unabhängig macht. Die Schelde, die Hafenbecken und -krane, Schleusen und Hebebrücken sind im Norden Antwerpens allgegenwärtig und verleihen dem teils neuen, teils restaurierten Stadtviertel Eilandje maritimes Flair.

Moderne Architektur

Das Museum aan de Stroom, der unübersehbare rote Turm beim Willemdok-Becken, ist eines der zahlreichen modernen Gebäude im Hafenbereich. Die jeweiligen Etagen ermöglichen mit ihrer transparenten Gestaltung wechselnde Aussichten auf die Stadt und ganz oben über den Hafen. Man passiert dabei unzählige Porträts von Menschen unterschiedlicher sozialer Stellung und Herkunft, die die Stadt aufgebaut und so vielfältig haben werden lassen, wie sie sich heute darstellt.

Das spektakulärste Hafengebäude beherbergt kein Museum, sondern die Hafenverwaltung. Die irakisch-britische Architektin Zaha Hadid hat mit den Havenhuis ein futuristisches Wahrzeichen erschaffen, das in Form und Glanz einen Diamanten symbolisiert. Während der täglichen Dienstzeiten kann man einen Blick ins edle Atrium werfen. Mehrmals **im** Monat lassen sich auf einer Führung die anderen Stockwerke begutachten.

Wo?

Museum aan de Stroom, Hanzestedenplaats 1; Havenhuis, Zaha Hadidplein 1

Wann?

Museum Di–So 10–17 Uhr, Auffahrt zur Aussichtsterrasse Di–So 9.30–22 Uhr.
Havenhuis, Bar im Atrium Mo–Fr, 10–16 Uhr

Wichtiges

Einen schönen Blick auf den Hafen gibt es von der Londenbrug. Dort startet auch die Flandria zur Hafenrundfahrt.

Ein „Zommer" mit Regen – für die Belgier nichts Neues.

Im Sommer verwandeln sich viele flämische Städte in eine *Zommerbar*. Überall werden an idyllischen Plätzen kleine Bühnen errichtet, Tische, Stühle, ein oder zwei Tresen aufgestellt und elegant, alternativ oder im Industriestil dekoriert. So bringt man ein Stück Süden nach Belgien.

Wenn das Wetter mal nicht mitspielt

Doch gelegentlich passiert es, dass der typische Herbstregen des Mittelmeers sich hier bereits im Hochsommer einstellt. Das sollte eigentlich niemanden verwundern, denn Belgien liegt nun mal u. a. auf dem 50. Breitengrad und im Klimabericht steht eindeutig: „Regen zu allen Jahreszeiten". Daher sind (meist) auch im Sommer die Wiesen hier so grün, die Temperaturen eher (aber nicht immer) gemäßigt, und in den Läden für touristischen Krimskrams ist die Auswahl an Regenschirmen überwältigend.

Diesen braucht man auch manchmal in Antwerpens *Zoomerbar*, die von Juni bis September ihren Platz im eleganten Hof zwischen dem imposanten Bahnhofsgebäude und dem Eingang zum berühmten Antwerpener Zoo gefunden hat. Unter Palmen kann man sich hier an der Bar oder unter den Sonnenschirmen am Zooeingang verabreden und dabei dem vielfältigen Musikprogramm des Zoopavillons lauschen. Studentinnen und Studenten im Ferienjob sorgen dafür, dass der Aperol-Spritz am Tisch nicht ausgeht und das Ambiente gepflegt bleibt. Bei schönem Wetter ist hier kein Durchkommen mehr.

Die Laune wird nicht getrübt

Sollte es der Himmel aber mal weniger sonnig meinen, dann werden aus Sonnen- Regenschirme. Besucher kauern sich dann auf den wenigen trockenen Fleckchen eng aneinander. Die Angestellten der Bar sind unablässig damit beschäftigt, Stühle und Tische trocken zu halten. Eine Jazzband spielt gegen den Regen an. Unter einer Plane lauscht ein älterer Herr gedankenverloren den Wassertropfen und der Musik. Unter seinem Stuhl hat sich eine große Pfütze gebildet. Eine Familie mit Kindern bleibt spontan stehen und scheint sich nicht im Geringsten darüber zu wundern, dass es für Musik und Zoomerbar kein schlechtes Wetter gibt. Die Kinder tanzen um und in den Pfützen. Heute ist man hier unter sich. Entspanntes Sommerfeeling will sich nicht so recht einstellen. Das macht aber nichts, denn dem Regen, so weiß man nicht nur in Belgien, folgt irgendwann wieder der Sonnenschein.

Wo?

Zoomerbar Zoo Antwerpen, **Koningin Astridplein 20/26, 2018 Antwerpen.** Durch das Portal beim Hauptbahnhof zum Zoo. summerbars.com/antwerpen

Wann?

Täglich Ende Juni bis Anfang September, 16.30–20.30 Uhr. Das sich anschließende Grand Café Flamingo hat, wie der Zoo, rund ums Jahr täglich ab 11.30 Uhr geöffnet und ist nur für Zoobesucher, www.zooantwerpen.be

Wichtiges

Eintritt in die Zoomerbar frei, ab 17 Uhr spielen jeden Tag (!) Bands unterschiedlicher Genres im Pavillon.

33 ANTWERPEN, ZOOMERBAR

Markttag in einer Provinzstadt – hier ist man nicht nur zum Einkaufen.

Noch liegen der Grote Markt und die Gässchen im Zentrum von Diest im kühlen Schatten, doch es herrscht schon reges Treiben. Mittwoch ist Markttag, die Händler bauen schon am frühen Morgen ihre Stände auf. Einige wirken recht improvisiert mit Klapptischen und Sonnenschirm, andere sind hochmoderne, schicke Verkaufswagen, die in Größe und Gewicht einem Truck ähneln. Neben Käse, Fleisch und Wurstwaren, Obst, Gemüse und vor allem Blumen gibt es auch allerlei Nützliches zu kaufen. Wachstischdecken, Schrubber, Haushaltsgerätschaften aller Art, sogar Armbanduhren und Schmuck. Jetzt, im Spätsommer, sind v.a. die Stände mit Kleidung, von der Unterhose über den BH bis zum schicken Sommerkleid umlagert, *zomer uitverkoop* – Sommerschlussverkauf.

Zeit für Smalltalk muss sein

Diest ist eine heimelige, kleine Stadt in der nordöstlichsten Winkel der Region Brabant. Diese ehemals von dichten Wäldern bewachsene Ecke des Landes ist heute stark landwirtschaftlich geprägt und wird Hageland genannt. In Diest hat der Wochenmarkt eine lange Tradition. Man trifft sich hier auf einen Plausch, deckt sich mit dem Notwendigen und Schönen ein und lässt den entspannten Einkaufsmorgen in einem der vielen Cafés und Bistros ausklingen, die sich um den äußerst repräsentativen, großen Markt gruppieren.

Zusammenspiel

Das Ambiente, die Freundlichkeit der Menschen, die jeden mit einem höflichen „Dag" grüßen, die in der Sonne leuchtenden Fassaden der Bürgerhäuser und der St-Sulpicius-Kirche, die vollbesetzten Cafés, die belebten Marktstände, Passanten und Radfahrer mit vollen Taschen und Körben – alles passt so wunderbar zusammen wie in einem Gemälde.

Und selbst wenn man den Markttag verpasst, das Landstädtchen mit seinen quirligen, gepflegten Gassen, den urigen Kneipen, einigen hervorragenden Restaurants, die ab Spätherbst auch das belgische Nationalgemüse, den im Umland kultivierten Chicorée, anbieten, hat sehr viel Flair.

Wo?

Die Straßen rund um den Grote Markt von Diest

Wann?

Jeden Mittwoch 8–13 Uhr. Bei Wärme und Sonnenschein sehr stimmungsvoll.

Wichtiges

Ein gemütlicher Tag in der Stadt startet perfekt mit einem französischen Frühstück mit exzellentem Cappuccino in der Brasserie Schmedz, Grote Markt 15, täglich ab 8 Uhr.

Am heißen Ende Flanderns – auf dem Weg zu einer Oase.

Es ist heiß, einer der heißesten Tage des Sommers. In Lommel, einer prosperierenden, mittelgroßen Stadt im Norden Flanderns, steht das Leben seit 12 Uhr still. Fast ist es so, als wäre man hier, nahe der niederländischen Grenze, in einen Mittagsschlaf, die Siesta, gefallen.

Wie in der Wüste

Mein Ziel liegt nur drei Kilometer vom Stadtzentrum entfernt. Der Weg wird immer schmaler und sandiger. Die Sonne brennt erbarmungslos vom stahlblauen Himmel, von dem sonst üblichen Grün der Weiden ist nichts mehr zu sehen. Stattdessen windschiefe, magere Kiefern. Einige sind bereits abgestorben, die blanke Rinde glänzt im Sonnenlicht. Eine Eidechse huscht über den heißen Sand, der das Gehen immer beschwerlicher macht, der Schweiß läuft. Doch da, plötzlich zwischen dem Kieferngebüsch, blitzt da nicht ein See in diesem Meer von Sand auf? Ich beschleunige meine Schritte, um dieser Oase näherzukommen, befürchte gar, es könnte eine Fata Morgana sein, ein Trugbild, eine Illusion.

Nordafrika-Feeling

Doch es ist tatsächlich ein See, umgeben von Dünen, in denen vereinzelt niedrige Kiefern wie Dattelpalmen ein silbriges Grün in das vorherrschende Ockergelb zaubern. Ich bin auch nicht wie im Märchen unversehens im Norden Afrikas gelandet. Die wenigen Menschen, denen ich begegne, sprechen noch immer Flämisch. Dennoch bin ich in einer Wüste angekommen: der Lommelse Sahara. Richtig gehört, ein trocken-sandiges, unfruchtbares Gebiet zwischen der Stadt und der niederländischen Grenze.

Ehemals als Sandgrube für die Industrie ausgebeutet, ist diese Landschaft nun eine bizarre Exotin im grünen Flandern. Bei sonnigem Wetter machen Strandmatten und Sonnenschirme die Illusion des heißen Südens perfekt. Leider ist Baden verboten. Im See haben sich Algen breit gemacht. Doch der Spätsommer entschädigt dafür. Im Übergang von den Sandflächen zum Kiefernwald hat sich ein Heidegürtel gebildet, der zur Blütezeit die Landschaft in ein blau-gelb-pinkfarbenes Gemälde verwandelt. Die Bienen summen dann um die Wette und genießen wie die Besucher die Wärme, die der Sand noch bis lange nach Sonnenuntergang hält.

Wo?

Ca. 3 km nördlich des Zentrums von Lommel. Parkplatz bei den Sportanlagen, Sportveldenstraat 10, 3920 Lommel.
Wege- und Wanderkarte auf toerismelommel.be/de/zienen doen/sahara-3

Wann?

Am besten natürlich bei Sonnenschein. Ab Mitte August blüht die Heide.

Wichtiges

Baden und Befahren des Sees sind verboten. Es gibt gefährliche Untiefen und in manchen Sommern gesundheitsschädliche Algen im See.

Heide, Wald und Wasser – unvergessliche Radererlebnisse.

Im flämischen Teil Belgiens gehören *Fietsen* (Fahrräder) zum Alltag. Man benutzt sie zum Einkaufen, für den Besuch bei Freunden, zum Spazierenfahren. Natürlich ist – wie auch in Wallonien – die sportliche Rennvariante weit verbreitet: Die Flandernrundfahrt zählt zu den Klassikern des Radsports.

Durch den Nationalpark

Eine ideale Region fürs entspannte Radeln ist die flämische Provinz Limburg. Nirgendwo sonst ist das Radwegenetz derart dicht geknüpft, kann man tagelang abseits verkehrsreicher Straßen und größerer Orte unterwegs sein. Ein ganz besonderes Radrevier eröffnet der Nationalpark Hoge Kempen, ein einzigartiges Naturreservat, das die leicht hügelige Landschaft westlich der Maas in ihrer ganzen Vielfalt schützt. Lichte Kiefernwälder wechseln sich ab mit weiten Heideflächen, die zur Blütezeit Besucher mit ihrem sanften Violett verzaubern. Es lohnt dann auch, früh aufzubrechen, um den Morgendunst über der Heide zu erleben. Wählt man die Strecke zwischen den Knotenpunkten 550 und 551, radelt man über eine Panorama-Holzbrücke und bekommt auf vier Kilometern einen unvergesslichen Einblick in die unterschiedlichen Biotope des Parks. Allerdings ist die Natur so ursprünglich gar nicht. Große Teile sind das Ergebnis jahrzehntelangen Sand- und Kiesabbaus. Dadurch ist eine facettenreiche Landschaft entstanden, die einer außergewöhnlichen Flora und Fauna neuen Lebensraum geschaffen hat.

Besondere Radwege

Auch weiter nördlich durchstreift man ein Heidegebiet, das jedoch weitaus mehr mit Kiefern bewachsen ist und sich *Bosland* (Waldland) nennt. Bei Kerkhoven kann man sogar auf einem Doppelkreis bis in die Wipfel der Bäume radeln, und natürlich wieder zur Erde herunter – ein einmaliges und faszinierendes Erlebnis, das sich auf Flämisch *Fietsen door de Bomen* nennt. Ähnlich Außergewöhnliches bietet die Strecke bei Bokrijk. Hier radelt man unter die Wasseroberfläche eines großen Weihers – beidseits geschützt von massiven Betonmauern. Wo sonst kann man während des Radfahrens die Hände im Wasser kühlen? Die anschließende Fahrt durch die verschwiegene Seenlandschaft De Wijers gibt es als weiteren Höhepunkt auf dieser Tour *door het water* (durch das Wasser) dazu.

Wo?

Die Region Limburg im Nordosten Belgiens. Alle Radrouten auf www.visitlimburg.be/de/einzigartige-fahrraderlebnisse-limburg

Wann?

Zu allen Jahreszeiten ein Naturidyll, der Nationalpark Hoge Kempen besonders zur Heideblüte August–September. www.nationaalparkhogekempen.be

Wichtiges

Das Knotenpunktsystem ermöglicht die Zusammenstellung individueller Radtouren. Karte mit Knotenpunkten auf www.visitlimburg.be/de/radroutenplaner

Wat betekent vreede voor jou? Gewalt und Frieden auf einer Brücke.

Sie ist Denkmal, Kunstwerk und Museum – die Brug van Vroenhoven in Riemst. Auf 30 Meter Höhe überquert sie den Albertkanal, der hier tief in das Mergelgestein eingeschnitten ist. Mächtige ockergelbe Felswände begleiten seine Ufer. 1930–1939 wurde er als Schifffahrtsweg zwischen der Scheldemündung und der Maas gebaut, um den größten belgischen Seehafen Antwerpen mit dem größten Binnenhafen Lüttich zu verbinden. Die Vroenhovener Brücke, nahe der Grenze zum niederländischen Maastricht, ist eine der vielen, die ihn überqueren – aber eine sehr geschätzte.

Erinnerung an dunkle Stunden

Hier begann für Belgien der Zweite Weltkrieg. Die Wehrmachtstruppen, die zuvor Maastricht besetzt hatten, fielen am 10. Mai 1940 über diese Brücke in das Königreich ein, verbunden mit massiven Zerstörungen in den umliegenden Ortschaften. Die Namen der Belgier, die dabei ihr Leben verloren, sind an der Südterrasse zu lesen. So wurde die Brücke für das Land zu einem Symbol der besetzten, zerstörten, verlorenen Heimat. Im Glas der Brückengeländer sind auf Flämisch und Deutsch Verse eines Gedichtes eingraviert. Es verweist darauf, dass auch die Angreifer mit ihrem Gewaltexzess ihre Heimat, ihre Geborgenheit und Sicherheit verloren. Das Museum unter der Brücke hält die Erinnerung an die Besatzungszeit wach, ergänzt um eine Ausstellung zur belgischen Binnenschifffahrt.

Hoffnungsschimmer der neuen Zeit

Die neue Brücke bei Vroenhoven wurde 2010 eingeweiht. Ihr ästhetischer Reiz liegt darin, dass sie symbolhaft mit modernen Elementen spielt und dabei auch einen geschwärzten Bunker am westlichen Brückenpfeiler integriert. Das Gelb des Mauerwerks hebt sich klar vom Rot der Pfeiler und Eisenträger ab. Man kann darin die belgischen Nationalfarben erkennen. Die ovalen Zugänge zum Museum und Restaurant unter der Brücke bieten von innen fantastische Perspektiven, vor allem dann, wenn sich der Himmel über Limburg in Blau-Weiß präsentiert und die Sonne Treppen und Gestein in gleißende Helligkeit taucht. Neben der Brücke leuchtet – recht unscheinbar – eine kleine Lampe. Sie ist Teil des weltweiten Projektes der Weltfriedensflammen. Darunter ist zu lesen: *Wat betekent vreede voor jou? Neemt even tijd en laat je inspireren.* Was heißt Friede für dich? Nimm dir die Zeit und lass dich inspirieren.

Wo?

Maastrichtersteenweg 212, 3770 Riemst-Vroenhoven. riemst.be/de/besuchen

Wann?

Besonders eindrucksvoll in der sonnigen, klaren Luft nach einem Regenschauer, wenn Farben und Konturen hervorstechen.
Museum Mi–So 10–17 Uhr, 6 €, reduziert 1 €

Wichtiges

Die Zeit zur Inspiration kann man mit einer Wanderung am Kanalufer zur weißen Hängebrücke bei Kanne verbringen (Rundweg, ca. 7 km).

Ein Denkmal für den mutigsten Kriegshelden.

„Die Belgier sind die tapfersten und Ambiorix ist ihr Anführer." Dieses Zitat des römischen Feldherrn Gaius Iulius Caesar in „Der gallische Krieg" klingt wie ein Lob der belgischen Kampfkraft, diente aber wohl eher dem Ansporn seiner römischen Legionen. Den Belgiern gelang es zwar, im Jahre 54 vor Christus Caesars Truppen eine bedeutende Niederlage zu bereiten, doch kaum drei Jahre später wurden sie vollständig geschlagen und als Provinz Belgica endgültig ins Römische Reich eingegliedert.

Held des Volkes

Das hielt den belgischen Nationalstolz Mitte des 19. Jahrhunderts allerdings nicht davon ab, dem Anführer ein heroisches Denkmal zu setzen. Auf dem *Grote Markt* von Tongeren blickt bis heute ein martialischer Ambiorix von seinem Steinpodest erhaben über Stadt und Land, umgeben von geschärften Lanzen und Wildschweinebern, die drohend ihre Hauer präsentieren. In diesem Teil des Landes nahmen seine Untertanen in der Zeit der Völkerwanderung die Sprache der germanischen Nachbarn an. Nur wenige Kilometer südlich entschieden sie sich, die Sprache der Römer beizubehalten, die hier über viele Jahrhunderte verbreitet war. Aufgrund dieser Historie war die belgische Nation ab ihrer Ausrufung am 4. Oktober 1830 in zwei Sprachregionen geteilt: im Norden die Niederländisch sprechenden Flamen, im Süden die Französisch parlierenden Wallonen. Und dieser Umstand erwies sich als ausnehmend hinderlich für eine nationale Geschlossenheit.

Symbol der Einheit einer gespaltenen Nation

Trotz aller geschichtlicher und sprachlicher Wirren: Was der gallische Vercingetorix für die Franzosen, der Germane Arminius bzw. Hermann für die Deutschen, ist und bleibt Ambiorix für die Belgier – eine Persönlichkeit aus der Antike, die gegen die Römer kämpft, die als Gründungsfigur der Nation herhalten muss. Mit Tongeren hat man für dieses Standbild den passenden Ort ausgewählt: Es ist neben Arlon die älteste Stadt Belgiens, war unter der römischen Herrschaft ein kulturelles und wirtschaftliches Zentrum und ausgestattet mit allem, was das Leben der romanisierten Belgier weitaus bequemer machte, als es Ambiorix und seine Mannen ihren Frauen und Kindern jemals hätten bieten können.

Wo?

3700 Tongeren, Grote Markt, mit Blick auf den Belfried, die Kathedrale und das Museum Teseum

Wann?

Ambiorix wirkt am grimmigsten bei aufziehenden Gewittern

Wichtiges

Im Museum Teseum wird die Geschichte Tongerens und Belgiens multimedial an den originalen Ausgrabungsstätten und in den Räumen der Kirchenkanoniker dargestellt. Nicht verpassen! teseum.be

Mit der Vespa durch Obstgärten zur Durchsichtskirche.

Ab Mitte April stehen die Obstbäume in voller Blüte. Reihe um Reihe präsentiert sich in reinem Weiß, dazwischen saftig grüne Wiesenstreifen, auf die der Löwenzahn goldgelbe Tupfer setzt. Bienen summen emsig umher, sorgen dafür, dass in einigen Monaten die gestutzten Bäumchen prächtige Früchte tragen.

Obst in Hülle und Fülle

Der Hespengau ist nach Südtirol das größte Obstanbaugebiet Europas. Durchquert man ihn im Spätsommer, wenn die Früchte an den Bäumen hängen, hat man den Eindruck, dass von diesem Zipfel Belgiens ganz Europa mit Birnen versorgt wird. Daneben finden sich auch jede Menge Apfelbäume, Süß- und Sauerkirschen sowie rote und schwarze Johannisbeersträucher, rote und schwarze. Erstrahlt der Himmel in tiefem Blau, schickt die Sonne im Frühjahr erste wärmende Strahlen oder im Herbst nach frühmorgendlichem Dunst eine verblassende Erinnerung an den Sommer, dann glaubt man sich tatsächlich in der Toskana oder der Provence. Manche der großen Obsthöfe zieren noch uralte Hoftore in bunten Längsstreifen. Hier scheint die Zeit stillzustehen.

Mit Blick auf die Natur

Im Land der Gebrüder van Eyck, von Rubens und Magritte wundert es nicht, dass man auch an ungewöhnlichen Orten auf außergewöhnliche Kunstwerke trifft, ob in den Sanddünen der Küste, am Ufer eines idyllischen Flusslaufs oder hier, mitten in den Obstgärten des Hespengaus. *Reading between the lines* heißt sie offiziell, *Doorkijkkerkje* wird sie liebevoll genannt, die transparente Kirche oberhalb des Örtchens Bergloon. Ob zur Blütezeit oder im Herbst, wenn sich die geernteten Äpfel und Birnen in den Holzkisten am Rande der Baumreihen auftürmen – die Kapelle, Kunstwerk und Mediationsort zugleich, inspiriert dazu, sich intensiver mit der Umgebung zu beschäftigen, etwas zu entdecken, das man im Vorübergehen einfach übersehen hätte.

Idealerweise wählt man in dieser so heiteren, schwungvollen Landschaft mit ihren besonderen Orten auch ein Gefährt, das Temperament und Lebensfreude des Südens ausstrahlt – die Vespa. In Sint Truiden kann man sie mieten und sich auch gleich eine passende Tour zusammenstellen lassen – Dolce Vita made in Belgium.

Wo?

Zwischen **3800** Sint Truiden und **3700** Tongeren, Doorkijkkerkje bei Bergloon, P und Zugang ab Ortsmitte ausgewiesen: N 50.79428, E 5.35189

Wann?

Zur Obstbaumblüte im April/Mai mit betörendem Duft, August/September ist Erntezeit.

Wichtiges

Vespavermietung über Vesparoute in 3800 Sint Truiden, Ambachtslaan 5285. www.vesparoute.com

Lüttich von oben betrachten, versteckte Winkel entdecken, köstliches Bier trinken.

Keine Stadt Belgiens ist so widersprüchlich wie Lüttich. Sie ist ein Ort von Geschichte und Kultur mit Sitz eines ehemals mächtigen Bischofs, größter und wirtschaftlich bedeutendster Ort Walloniens, Zentrum einer alten Bergbauregion, von bewaldeten Hängen umgeben und von der Maas in einem idyllischen Tal durchflossen. Das zusammen macht Liège, Lüttich, Luik aus, die Stadt, deren Name in allen drei Sprachen Belgiens geläufig ist.

Bekannt aus gutem Grund

Diese Vielfältigkeit wirkt zuweilen etwas unübersichtlich, besonders wenn mal wieder gebaut wird. Um dann den Überblick nicht zu verlieren, sollte man sich der sportlichen Herausforderung stellen und die 347 Stufen der großen Treppe des Montagne de Bueren angehen. Im 19. Jahrhundert für die Soldaten der Zitadelle errichtet, ist sie heute eine der großen Touristenattraktionen der Stadt. Blickt man beim Aufsteigen zurück, erweitert sich Stufe für Stufe die Aussicht über die Stadt im engen Tal der Maas. Nach 67 Höhenmetern oben angekommen, versteht man, warum dieser Teil Belgiens Wallonien genannt wird. Zahlreiche Flüsse haben in die Hochfläche der Ardennen tiefe Täler, altfranzösisch *wallon,* gegraben. Wer den Blick noch weiter schweifen lassen möchte, erklimmt die Rue au Péri sowie die Stufen zum imposanten Monument der 14. Infanterie.

Versteckt

Es bietet sich an, noch ein wenig im Viertel zu bleiben und die versteckten Treppen und steilen Gässchen zu entdecken, die sich den Hang hinter dem alten Franziskanerkloster, heute das Museum der Wallonie, hinaufziehen. Hier wuchern Farne, Hortensien und Efeu, wilder Wein fast unbehelligt vor sich hin und schaffen so für die Bewohner ein stilles Paradies, an dem man bei einem Spaziergang teilhaben kann. Dazwischen liegt auf zwei Hangterrassen verteilt die Brasserie C Curtius. Im vielleicht idyllischsten Winkel der Stadt, dem ehemaligen Beginenhof St-Esprit, wird das beliebte Lütticher Bier gebraut und auch gerne getrunken. Historisches Fachwerk, lauschige Innenhöfe, urige Gasträume und außer Bier auch eine ausgezeichnete Karte – das Curtius ist der passende Abschluss der Treppen-Runde des Montagne de Bueren.

Wo?

Treppe Montagne de Bueren, Impasse des Ursulines. Brasserie C links des Treppenaufgangs (Imp. des Ursulines 14, 4000 Lüttich); www.brasseriec.com

Wann?

Am besten an klaren Tagen oder am Vormittag, wenn das Tal noch im Morgendunst liegt. Brasserie Do–Sa 10–24, So 11–23 Uhr, von 11–13 Uhr Brunch. Reservierung empfohlen

Wichtiges

Der Aufstieg ist nicht ganz leicht und erfordert Kondition. Bei der Zitadelle starten Wanderwege durch die üppig-grünen Wälder mit Aussicht über Stadt und Land.

Am Ufer der Maas pulsiert das Leben der alten Stadt Lüttich.

Wenn ein kräftiger Westwind durch das enge Maastal fegt, hat man an der Spitze der Parkinsel La Boverie fast das Gefühl, an der belgischen Nordsee zu stehen. Wellen brechen an der schmalen Mole, die sich weit in die Maas vorstreckt. An deren Spitze bietet die Wasserfontäne einen imposanten Anblick vor einer der schönsten der vielen Maasbrücken Lüttichs, der Pont de Frangées. Vergoldete Engel verzieren die beiden Brückenenden, vergoldete Ornamente die Brückengeländer.

Abwechslungsreiches Stadtbild

Lüttich ist eine Stadt am Fluss. Die Maas ist beidseitig von Gebäuden aller Art und Größe, mal grauer Apartmentblock, mal historisches Stadthaus, mal schicker Wolkenkratzer, in ein enges Korsett gefasst. Zahlreiche Brücken verbinden die Ufer. Futuristische oder pittoreske, herbe bis raue Stadtteile wechseln sich ab. Lüttich zeigt sich mal ungeschminkt, mal aufgemöbelt. Nichts ist wirklich perfekt und Baustellen scheinen Teil der städtischen Seele zu sein. An schönen Tagen herrscht im Parc de la Boverie entspannte Atmosphäre, in der Uferbar des Kanuclubs genießt man die Sonne. Elegant spannt sich der Bogen der Passerelle über den Fluss Richtung Bahnhofsviertel. In der verglasten Front des *Tour de Paradis,* des Paradiesturms, der eigentlich ein Finanzamt ist, spiegelt sich das Himmelblau. Dahinter erkennt man den stolzen Bahnhof Guillemins, ein Werk des Architekten Santiago Calatravas, das allen Gesetzen der Physik zu trotzen scheint und sich zum Fluss hin öffnet.

Trubel am Wasser

Man kann am rechten Ufer an der Maas entlangschlendern und dabei immer wieder Abstecher über die Brücken ins Stadtzentrum machen. Oder man schippert mit der Navette, Lüttichs Bootsshuttle, entspannt von einem Ufer zum anderen. Sonntags sollte man unbedingt am Anleger Centre-Ville aussteigen. Der Marché de la Batte, der vermutlich größte, älteste und vielfältigste Markt Belgiens, zieht sich über einen Kilometer am linken Maasufer hin. Hier gibt es einfach alles, von Obst, Gemüse und Nüssen aller Art bis zum Schrubber, Strumpf und Papagei. Selbst wenn es regnet, ist es voll und zwischen den Ständen lässt sich immer wieder die Maas blicken.

Wo?

Marché de la Batte zwischen der Passerelles Saucy und der Pont Maghin. Uferbar des Kanuclubs an der Westspitze des Parcs de la Boverie

Wann?

Markt immer sonntags von 8–14 Uhr, Uferbar im Sommerhalbjahr bei schönem Wetter

Wichtiges

Der Bootsshuttle ist von Anfang April bis Anfang November im Dienst. www.navettefluviale.be

Grüne Weiden, Bauernhöfe und viele Leckereien.

Die Ardennen laufen nach Norden in ein welliges Hochplateau aus. Von dessen Anhöhen bietet sich ein faszinierendes Panorama in alle Richtungen, nach Osten und Süden auf die Wälder und Hochmoore des Hohen Venn, nach Westen ins Maastal und Richtung Norden ins hügelige Dreiländereck. Es ist das Pays de Herve, das Herver Land. Neben dem Panorama sind es die fast neongrünen Weiden, umgeben von gestutzten Hecken, dazwischen imposante Baumgruppen, die dieser Landschaft den Charakter einer weitläufigen Parkanlage geben. Buntgescheckte Kühe sowie Bauernhöfe und Dörfer mit rotleuchtendem Backsteinmauerwerk bilden kontrastreiche Farbtupfer in dieser von Grün dominierten Gegend.

Regionalität wird großgeschrieben

Der Ausflug in diese traditionsreiche Kulturlandschaft bleibt besonders dann in Erinnerung, wenn man dabei noch einige typische Produkte der Gegend probieren kann. Eine gute Gelegenheit hierzu ist der Sonntagsmarkt in Aubel, ein bescheidenes Dörfchen mit einer mächtigen Kirche im Zentrum und einem langgezogenen Place du Marché, der am Sonntag bis kurz nach zwölf das Ziel von Einkäufern und Gourmets aus der Region ist. Neben einigen Kleidungsständen gibt es vor allem regionale Delikatessen, die sich am besten unverzüglich vor Ort verspeisen lassen: frisches Sauerteigbrot, Biogemüse, Fleisch- und Wurstwaren lokaler Metzgereien und Produzenten.

Käseliebhaber aufgepasst!

Besonderer Anziehungspunkt sind die Käsestände. Krautreiche Wiesen und Weiden, viel Feuchtigkeit und der frische Wind sind die besten Voraussetzungen für ein besonderes Produkt, den *Pavé de Herve*. Dieser würzige Weichkäse in Würfelform ist Belgiens einziger AOP-Käse, was bedeutet, dass er in seiner Herkunft und Bezeichnung geschützt ist. Wer den 7 x 7 cm großen Käse kauft, unterstützt damit auch die jahrhundertealte Weidehaltung im Pays de Herve, fördert den Erhalt dieser einzigartigen Kulturlandschaft und macht die Bäuerinnen und Bauern äußerst stolz. Hier freut man sich über jeden, der den Weg in diese Ecke des Königreiches gefunden hat. Geschieht dies mal nicht am Sonntag, so kann man sich in Herve in der Käserei du Vieux Moulin mit diesem äußerst schmackhaften Naturprodukt eindecken und sogar die Affinage, die Verfeinerung des *Pavé de Herve*, live verfolgen.

Wo?

„Pays de Herve" liegt auf der belgischen Seite des Dreiländerecks;
Käserei du Vieux Moulin, Sur la Commune 14, 4651 Herve;
Laden der Käserei, Rue de Herve 169, 4651 Herve

Wann?

Markt in Aubel sonntags von 8–13 Uhr;
Laden der Käserei geöffnet Mo und Mi–Sa, fromagerie-du-vieux-moulin.be

Wichtiges

Führungen in der Käserei Sa um 14 Uhr, sonst auf Anfrage

Fieberklee, Birkhuhn und Sonnentau. Belgiens wilder Osten.

Der Wald lichtet sich, Heidekraut, Preiselbeeren und andere Früchte machen sich breit. Seit Malmedy ging es nur bergan. Nun liegt vor uns eine endlos weite Hochebene, unterbrochen von vereinzeltem Gebüsch und zahlreichen Tümpeln mit tiefschwarzem Wasser. Einigen Bäumen hat der letzte Sturm die Krone gekostet. Wir sind auf rund 700 Meter über dem Meeresspiegel. Höher geht es in den Ardennen und in ganz Belgien nicht, und für Wolken, Wind und Wetter bedeutet dies das erste ernstzunehmende Hindernis auf dem Weg nach Osten.

Überlebenskünstler

Das raue Klima zusammen mit dem wasserundurchlässigen Untergrund führt dazu, dass sich ein riesiges Hochmoor hat entwickeln können, ein bis zu sieben Meter mächtiger Schwamm verdichteter Pflanzenmasse, gebildet unter anderem von *sphagnum fallax,* dem trügerischen Torfmoos. *Les Hautes Fagnes* (auf Deutsch das Hohe Venn) ist eine einzigartige Landschaft mit extremen Lebensbedingungen. Manch seltenes Gewächs stellt sich diesem Überlebenstraining, viele der vorkommenden Pflanzen sind üblicherweise im hohen Norden Europas beheimatet. So lässt sich im Osten Belgiens nordisch-wilde Natur erleben.

Friedvolles Ausflugsziel

Die menschenleere Landschaft bietet in ihrer öden Weite auch genügend Möglichkeiten dazu, allerdings mit gewissen Regeln. Während die Zone B auf den markierten Wegen und Holzstegen frei zugänglich ist, kann man die Zone C nur mit gebuchtem Führer erleben; die Zone D bleibt für den Homo sapiens tabu. Das hat seinen Grund. Denn in den vergangenen 150 Jahren hat der Mensch mit Entwässerungsgräben und Aufforstungen das fragile Ökosystem erheblich unter Druck gesetzt.

Heute ist das Hohe Venn ein naturgeschütztes Ausflugsziel und wird gerne motorisiert angefahren. Man kann sich ihm aber auch mit Zeit und Muße auf dem Rad oder auf den zahlreichen Wanderwegen vom Tal aus nähern. Fieberklee, Birkhuhn und Sonnentau, im Winter nicht selten zu Eis erstarrte oder vom Nebel mystisch durchzogene Landschaften erlebt man so in ihrer ganzen Stille und Einsamkeit.

Wo?

Wanderwege ab den Parkplätzen Naturparkzentrum (N 50.49358, E 6.10015), bei den Restaurants Signal de Botrange (N 50.50208, E 6.09280), Baraque Michel (N 50.51930, E 6.06299) und Mont Rigi (N 50.51133, E 6.07844). Restaurants: botrange.be, bar aquemichel.com und mrigi.be

Wann?

Im Herbst erlebt man Nebel und bunte Farben, im Winter Schnee und Eis, im Frühjahr und Sommer frisches Grün und faszinierende Blütenpflanzen – zu allen Jahreszeiten wunderbar.

Wichtiges

Bei roter Flagge (Trockenheit, Brutzeit, Nebel u. a.) sind einige Wege ins Hochmoor gesperrt. www.hautesfagnes.be

Verschneite Wälder, viele Loipen, gemütliche Berghütten.

Im Osten Belgiens liegen die höchsten Erhebungen des Landes – und da es die ersten echten Berge sind, auf die die Wolken von der Nordsee aus treffen, bedeutet das, dass es im Winter ausgiebig und heftig schneien kann. Dieser Umstand macht aus der Region um Eupen, Malmédy und St-Vith Belgiens Wintersportzentrum.

Schneesport

Es gibt zahlreiche alpine Pisten für überraschend lange Abfahrten, zum Beispiel bei Ovifat, doch in erster Linie ist Ostbelgien ein Winterwunderland des Langlaufs. Auf dem Hohen Venn sind dann die Loipen durch die tief verschneiten Wälder und entlang der Hochmoore gespurt. Eine beliebte Tour führt an der malerischen Chapelle Fischbach vorbei. Auch am Lac de Bütgenbach und an vielen weiteren Orten steigt man auf die Ski. Sogar mit waschechten Berghütten kann das Land punkten und es darf einen nicht wundern, dass hier dem Après-Ski ausgiebig gefrönt wird, auch dann, wenn gar kein Schnee liegt. Belgisches Bier schert sich nicht um Tauwetter.

Wenn die weiße Decke die Welt einhüllt

Der Schnee fällt in dichten Flocken. Auf dem Dach der Burg Reinhardstein liegt bereits eine fast dreißig Zentimeter dicke weiße Schicht. Bei jedem Schritt knirscht es unter den Stiefeln. Die Fußstapfen verschwinden schon nach kurzer Zeit unter dem Neuschnee. Hier kommen auch Winterwanderer auf ihre Kosten. Den Schlitten sollte man unbedingt einpacken. Das anspruchsvolle Höhenprofil, der Wechsel zwischen offener Landschaft und winterlich tief verschneiten Wäldern bilden einen Anziehungspunkt für alle, die vor dem Einkehren in eine der vielen urigen Wirtschaften die Winterluft genießen wollen. Drinnen gibt es neben Alkoholischem auch heiße Schokolade und Cappuccino (gerne mit Schlagsahne!) oder Hotdog mit Sauerkraut und andere regionale Spezialitäten.

Belgiens hoher Osten zählt zu den eher unbekannten Winkeln des Landes. Er ist die Heimat der deutschsprachigen Gemeinschaft. Sie zählt rund 80.000 Sprecher und gehört erst seit etwas mehr als einhundert Jahren zum belgischen Königreich. Hier freut man sich über jeden Besucher – und besonders stolz ist man, wenn man sie oder ihn in der eigenen Muttersprache ansprechen kann.

Wo?

Belgiens Ostkantone. Langlauf u.a. bei Elsenborn und Baraque Michel/Hohes Venn, alpine Abfahrten z.B. bei Ovifat. Skiverleih meist vor Ort. www.ostbelgien.eu/de/erleben/wintersport

Wann?

Wintersport ist an durchschnittlich 60 Tagen im Zeitraum von Ende November bis Anfang März möglich. Einen Besuch wert ist die Region aber auch außerhalb des Winters.

Wichtiges

Es muss nicht immer alles perfekt sein, lautet eine belgische Lebensweisheit. Das gilt zuweilen auch für Pisten und Loipen. Was zählt, ist der Spaß an der Sache, und der ist garantiert.

Hier röhrt nicht der Hirsch, hier röhren die Motoren.

Bruce McLaren, Alain Prost, Ayrton Senna, Michael Schumacher – sie alle waren voll des Lobes. Sie schwärmten von ihr, beschleunigten und siegten auf der Rennstrecke, die für viele als die schönste der Welt gilt.

Lärm, Schnelligkeit, Spaß

Das mag nicht zuletzt an der hügeligen Umgebung, dem Streckenprofil und dem berühmten Raidillon Eau Rouge, der Kurvenkombination in der Senke des gleichnamigen Flüsschens, liegen. Der Circuit Spa-Francorchamps ist so beliebt, dass in dieser eher stilleren Ecke Belgiens zu Rennzeiten Bevölkerungszahl, Dezibel und Feinstaubpartikel für einige Stunden sprunghaft ansteigen. Das mag dem ein oder anderen weniger gefallen, Francorchamps wird nicht in Frage gestellt. Francorchamps ist nämlich eines der Wahrzeichen dieses an Widersprüchen reichen Landes, gleichberechtigt neben Pralinen, Pommes und Atomium, dem Bier und der Grachtenfahrt in Brügge.

Nicht ungefährlich

1922 als fast 15 Kilometer lange Rennstrecke eröffnet, wird hier seit einem Jahrhundert der Große Preis von Belgien ausgefahren, eines der bedeutendsten Rennen der Formel 1. Doch nicht nur die erste Rennwagenklasse ist präsent, die Strecke ist Anziehungspunkt für alle, bei denen aufheulende Motoren und röhrende Auspuffe das größtmögliche Glücksgefühl hervorrufen. 220 Tage im Jahr ist sie in Betrieb, weist einen Höhenunterschied von 100 Meter auf, was zu enormen Beschleunigungen in den engen Kurven führt. Sie gilt damit als äußerst anspruchsvoll, sogar gefährlich, nicht zuletzt aufgrund des häufig wechselhaften Wetters. Mehrere Rennfahrer hat sie schon in den Tod gerissen. Wegen der zahlreichen Opfer wurden sie bereits auf die Hälfte gekürzt. Doch der Nervenkitzel ist und bleibt Teil des Spiels.

Auch wenn keine Rennen auf der Agenda stehen, zieht es viele Auto- und Motorradfans in diese Ecke, die kurvenreichen Straßen bieten Fahrspaß pur. Am Nachmittag trifft man sich dann im nahen Spa oder Stavelot in einer der vielen Kneipen und tauscht sich aus, Stuhl an Stuhl mit Rennradlern. Für sie sind die Ardennen ähnlich aufregend, nur sind sie etwas weniger geräuschvoll unterwegs als ihre motorisierten Kollegen.

Wo?

Circuit de Spa-Francorchamps, Route du Circuit 55, 4970 Francorchamps. www.spa-francorchamps.be

Wann?

Großer Preis von Belgien in der Formel 1 Ende Juli: www.spagrandprix.com. Alle weiteren Termine auf der Homepage

Wichtiges

Trainingsfahrten über den Rundkurs sind auch mit gemietetem Rennfahrzeug das ganze Jahr möglich.

Hinter den hohen Bergen bei den sieben Quellen

Umgeben von dichten Wäldern und den höchsten Gipfeln der Ardennen, tief im Tal des Wayai, liegt ein charmanter Kurort.

Name ist Programm

Die englische Sprache hat von diesem etwas weltentrückten Örtchen die Bezeichnung für Wellnessbereiche mit sprudelnden Wasserbecken aller Art abgeleitet. Und das nicht ohne Grund. In und um den Ort Spa sprudeln ganz ausgezeichnete Wässerchen aus vielen Quellen, die französisch *Sources* bzw. *Pouhons* genannt werden. Auf der Tour des Sources kommt man an sieben berühmten vorbei. Jede ist gesundheitsfördernd und frei zugänglich, hat eine andere mineralische Zusammensetzung und damit einen unnachahmlichen Geschmack.

Wassertasting

Im Zentrum von Spa startet die Tour mit der *Pouhon Peter der Große* im imposanten Kuppelbau gleichen Namens, in dem auch die Touristinfo untergebracht ist. Wenige Schritte entfernt, am Rande des Kurparks und nahe der eleganten Galerie Léopold II., spendet die *Fontaine Marie-Henriette* ihr prickendes, eisenhaltiges Wasser aus zwei hübschen Löwenmäulern. Außerhalb, in der Rue Barisart 295, trifft man auf die *Source de Barisart,* mitten im Wald gelegen und wie alle folgenden in unmittelbarer Nähe eines Ausflugslokals. Hier ist es ein puristischer 1970er-Jahre-Bau aus Glas, Beton und Holz, der als optische Zugabe zum kohlensäurehaltigen Wasser geliefert wird. Steil bergauf führt der Weg zur Schwesterquelle, der *Source de la Géronstère,* eingefasst in ein steinernes Becken, reich an Magnesium mit natürlicher Kohlensäure.

Durch prächtige Mischwälder aus Lärchen, Buchen, Kiefern und Eichen gelangt man zu zwei weiteren Brunnen, die in direkter Nachbarschaft ihr manganhaltiges Wasser aus massiven Rohren abgeben. Die älteste, die *Source de la Sauvinière,* galt seit dem 16. Jahrhundert als Pilgerziel für alle, die Potenz und Empfänglichkeit erhöhen wollten. Der *Groesbeek-Quelle* sagt man eher auf den restlichen Körper bezogene Wirkungen nach. Bergab geht es in den Osten von Spa zur schönsten aller Quellen, der *Source du Tonnelet.* Sie sprudelt in einem verschnörkelten Belle-Époque-Pavillon und weckt auch heute noch Erinnerungen an Spas große Zeit, als sich Kaiser, Königinnen und sonstige Adelige hier das Wasserglas reichten.

Wo?

Start/Ziel: Touristinfo, Rue du Marché 1a. Ca. 11 km, 360 Höhenmeter, am besten mit Auto oder Rad. Broschüre in der Touristinfo oder auf www.visitspa-hautesfagnes.be

Wann?

Die Quellen sprudeln zu jeder Jahreszeit.

Wichtiges

Ohne einen Becher, eine Flasche oder ein Glas sollte man sich nicht auf den Weg machen.

Alles fließt – wenn mächtige Stromschnellen sogar Stein formen.

Das Tal der Amblève führt tief in die Ardennen hinein. Um die Gemeinden Remouchamps und Awaylle, kurz vor der Mündung des Flusses in die Ourthe, herrscht abseits der Rushhour gemächliche Beschaulichkeit. Die berühmte Tropfsteinhöhle und die Nähe des Kurortes Spa ziehen einige Besucher an. In Belgiens ältestem Hotel, dem Bonhomme, logieren bereits seit 1768 mehr oder weniger illustre Gäste. Innen rustikal-elegantes Wallonien, die Karte saisonal, das heißt im Herbst auch viel Wild, im Sommer mit lauschiger Terrasse.

Das Getöse eines Flusses

Flussaufwärts wird das Tal immer enger. Ein Abzweig führt steil nach oben Richtung Spa. Kurz vor dem höchsten Punkt liegt der Aussichtspunkt Kongo, benannt nach der ehemaligen belgischen Kolonie, die für ihre tropischen Gebirgswälder bekannt ist. So weit hergeholt scheint der Name nicht zu sein, an den Hängen wie auch im Tal wird die Landschaft immer wilder.

Von der Straße aus ist die Amblève zwar kaum zu sehen, aber nicht zu überhören. Immer stärker wird das Rauschen dieses wilden Ardennenflusses, an dem früher sogar Goldwäscher ihr Glück suchten, das aber nur wenige hier fanden. Ein Pfad führt unmittelbar ans Ufer, über felsige Partien, vorbei an Totholz und Baumstämmen, die das letzte Hochwasser zurückgelassen hat. Wild strömt der Fluss in seinem engen Bett zwischen mächtigen Felsbrocken. Im Sonnenlicht blitzt die Oberfläche golden auf, am schattigen Ufer blühen die wunderschönsten Pflanzen.

Umgeben von Wasser

Die Fonds de Quarreux sind zwar keine spektakuläre Schlucht oder gar der belgische „Grand Canyon". Nichtsdestotrotz sind sie beeindruckende Stromschnellen, die hartes Quarzitgestein beim Ort Quarreux bilden. Man sitzt am Ufer, lauscht dem Rauschen, blinzelt in die Sonne und kühlt sich die Füße im fließenden Nass. Nicht weit entfernt stürzt ein kleiner Zufluss mit dem wohlklingenden Namen Ninglinspo in Wasserfällen in steinerne Becken, in denen man im Hochsommer sogar baden kann.

Wo?

Spaziergang zu den Fonds de Quarreux (4 km hin und zurück, einfach) und Rundweg Ninglinspo (15 km, mittelschwer), ab Parkplatz zwischen Remouchamps und Stoumont ausgeschildert. N 50.46865, E 5.74350

Wann?

Vor allem im Sommer: Im Licht der Sonne glitzern die Wellen golden, an warmen Tagen kann man sich die Füße in der Amblève kühlen.

Wichtiges

Mein Tipp: Übernachten im traditionsreichen Hotel Bonhomme im nahen Remouchamps: hotelbonhomme.be

Restauran

»Innen rustikal-elegantes Wallonien, die Karte saisonal, das heißt im Herbst auch viel Wild, im Sommer mit lauschiger Terrasse.«

Ein Schloss wie aus dem Märchen entsprungen.

„Und als er sich dem Schloss näherte, waren es lauter schöne Rosen und die Dornenhecke tat sich von selbst auseinander …" Hätten die Gebrüder Grimm das Schloss Modave gekannt, sie hätten ihr Märchen nicht schöner schreiben können.

Eines Königs würdig

Zu den dornenbewehrten, duftenden Rosen kommen hier noch ein erfrischender Springbrunnen im Ehrenhof, zu dem ein romantisches Portal Zugang gewährt, zwei Alleen hundertjähriger Buchen, links mit rotem, rechts mit grünem Laub, und eine großartige Schlossterrasse hinzu, die sich hoch über das Tal erhebt. Das Zusammenspiel wirkt so märchenhaft, dass man sich selbst als wiedererwachtes Dornröschen oder als mutiger Prinz fühlen kann.

An heißen Sommertagen legt sich zur Mittagszeit eine lähmende Stille über die Schlossanlage. Fast glaubt man, dass alle tatsächlich in einen hundertjährigen Schlaf gefallen sind. Kletterrosen in zartem Rosa umranken die Fenster, in den mächtigen Baumriesen des Parks regt sich kein Blatt, nur das regelmäßige Plätschern der Brunnenfontäne ist zu hören. Ein zarter Duft erfüllt den Hof.

Fortschrittlich

Modave ist nicht das bedeutendste Schloss Belgiens. Doch gerne gibt man sich in der Schlosskapelle das Jawort, auch viele Paare aus dem Ausland zieht es hierher. Dass das Château Modave so einnehmend ist, liegt vielleicht auch daran, dass der mittelalterliche Vorgängerbau im 17. Jahrhundert im französischen Stil umgebaut und erweitert wurde. Man kann durchaus in einigen Details und in den Fontänen des Innenhofes das Schloss des Sonnenkönigs Ludwig XIV. erkennen. Und das betrifft auch die Technik. Mit dem gleichen System wie in Versailles wurde das Wasser des 50 Meter tiefer liegenden Flusses Hoyoux nach oben transportiert – zur Freude der erlauchten Bewohner und Gäste des Hauses.

Heute geht das alles mit elektrischen Pumpen vonstatten, die neuen Besitzer, die Brüsseler Wasserbetriebe, sind sogar echte Experten auf diesem Gebiet. Geblieben ist die einmalige Atmosphäre, außen wie innen. Es gibt sogar zwei Türmchen. Ob in einem der Zimmer dort oben ein altes Mütterchen sitzt und mit einer Spindel Flachs spinnt, darf man bei einem Besuch selbst herausfinden.

Wo?

Château de Modave ASBL, Rue du Parc 4, 4577 Modave. www.modave-castle.be

Wann?

1. April bis 15. November Di–So 10–18 Uhr. 9,50 €, ermäßigt 5€, inklusive Audioguide, auch auf Deutsch. Bis 12 Jahre frei. Dezember bis Anfang Januar märchenhafte Weihnachtsdekoration

Wichtiges

Besichtigung der Gärten kostenlos zu den Öffnungszeiten. Ausführlicher Parkführer über die Homepage

Ein winziges Örtchen wird zum Besuchermagnet.

Kaum eine Ecke in den Ardennen ist im Sommer so überlaufen wie Durbuy. Das liegt nicht allein daran, dass hier auf der Ourthe eine der beliebtesten Kanustrecken startet, auch nicht am Formschnittgarten Topiaire, an all den Restaurants und Cafés, dem turmgekrönten Schlösschen oder den fußläufig zur Innenstadt angelegten Parkplätzen – nein, der einzige und wahre Grund ist, dass man in Durbuy die kleinste Stadt Belgiens betritt.

Klein, aber oho!

Nun mag man einwerfen, dass nur diese Kleinheit der Grund ist, warum die wenigen, durchaus stimmungsvollen Gassen im Sommer vor Besuchern fast überschwappen wie die Ourthe bei ihren gefürchteten Hochwassern. Doch es sind tatsächlich mehrere Tausende, die an schönen Hochsommertagen den Weg hierhin finden und sich unter die 400 Einwohner mischen.

Menschenmassen hin oder her: Das Städtchen hat Charme, das Ourthetal ist um Durbuy besonders romantisch und die Auswahl an Restaurants umwerfend. Man muss hier einfach mal gewesen sein und wird dann sicher immer wieder herkommen wollen, wenn auch vielleicht außerhalb der Saison. Dann ist nämlich absolut nichts los, vor allem wenn es regnet. Melancholie legt sich über die Landschaft, in der das kleine Durbuy eigentlich gar nicht auffällt. Dann hat aber auch einer der eigentümlichsten Läden geschlossen, den die Ardennen zu bieten haben.

Wunderschöner Krimskrams

In der Kellergarage eines improvisierten Anbaus aus uralten Klinkern hat eine ältere Dame, die auch auf Nachfrage ihren Namen nicht verraten will, alles verstaut, was schick, nobel, ungewöhnlich und vor allem alt ist. Ausgesuchte Antiquitäten, kleine, charmante Mitbringsel und so manche Trophäe aus dem Ardennerwald werden sich hier finden lassen. Die Garage liegt gegenüber dem wunderbaren Felsen à la Falize, der wegen seiner Faltung Geologie-Interessierte zum Entzücken bringt.

Den schönsten Überblick über das Menschen-Getümmel im Sommer oder im Spätjahr, wenn manchmal nur die Spitze des Châteaus der Stadt aus dem Talnebel lugt, hat man vom Belvédère in der Route des Crêtes. Dieses Château war übrigens einer der Gründe, warum 1331 König Johann von Böhmen, gleichzeitig Graf von Luxemburg, dem Örtchen die Stadtrechte verlieh, die es bis heute mit Vehemenz touristisch vermarktet.

Wo?

Durbuy liegt an der mittleren Ourthe. Auf den Laden „2ième Vie – 2nd Life“ trifft man an der Ecke Rue des Récollets/Rue Alphonse Eloy. durbuytourisme.be

Wann?

Durbuy ist immer schön, der Flohmarktladen hat allerdings nur dann auf, wenn Madame es beliebt.

Wichtiges

Im Laden auf den Kopf aufpassen. Große Menschen sollten sich leicht ducken beim Eintreten ins Krimskrams-Universum.

Ins Reich der Schatten – Übergang in eine andere Welt.

Im Schein des Abendrots erstrahlen die Steine in erdfarbenem Licht. Sie stehen eng zusammen, manche sind leicht gekippt, eine massive Steinplatte liegt obenauf. Es scheint, als bildeten sie einen Zugang zu einem unterirdischen Reich, ein Tor in eine verborgene Welt. Mehrere Eichen stehen in einem vollständigen Kreis um die Anlage, mächtig, ausladend und mit rissiger Rinde. Auf Hundert Jahre werden sie geschätzt. Die Steine auf einige Tausend.

Relikte eines vergangenen Zeitalters

Die Megalithen von Wéris bilden eine acht Kilometer lange Linie, die von natürlichen Felsformationen fortgesetzt wird. Vor rund 3000 Jahren errichtet, sind die imposanten Steine und Dolmen, von Steinplatten bedeckte Steinreihen, Relikte einer längst untergegangenen Zivilisation, in der die Verehrung der Sonne im Mittelpunkt eines religiösen Kultes stand. Sie zeichnen den Lauf der Sonne zur Sommer- und Wintersonnenwende nach. Sicher wurden hier auch religiöse Zeremonien abgehalten.

Trotz oder gerade wegen ihres Alters haben die Menhire von Wéris nichts von ihrer Ausstrahlung verloren. Es sind auch heute sakrale Räume inmitten der Natur, neben einem Getreidefeld, am Rand einer Weide, nahe einem Weißdorngebüsch oder im Schatten uralter Linden und Eichen. Diese Verbindung scheint nicht zufällig zu sein. Weißdorn wie Linde zählen zu den großen Heilpflanzen, die Eiche gilt als heiliger Baum. Die Kelten nannten sie *Duir,* woraus das Wort Druide entstanden ist. Die Eiche stellte die Verbindung zur Welt der Götter dar.

Magisch

Wer sich die Sensibilität unserer Vorfahren für die Natur bewahrt hat, kann auf dem Hochplateau oberhalb des Tals der Ourthe ihre innewohnenden Kräfte spüren. Zu allen Jahres- und Tageszeiten ziehen sie auch heute noch Besucher und Besucherinnen in ihren Bann, besonders am frühen Morgen und gegen Abend, wenn die Sonne lange Schatten wirft. Die Steine scheinen dann zu neuem Leben zu erwachen, sie gewähren Zutritt zu einem Schattenreich, das nur in diesem Übergang von Tag zu Nacht oder von Nacht zu Tag erlebbar ist.

Wo?
Felder westlich von Wéris. Der Wander- und Radweg *Promenade des Mégalithes* ist ab der Ortsmitte von Wéris ausgewiesen.

Wann?
Am eindrucksvollsten bei klarem Himmel zum Sonnenauf- und -untergang

Wichtiges
Zeit und Ruhe mitbringen. In Wéris informiert ein Museum über die Megalithen und ihre Erbauer. www.megalithes-weris.be

Auf den Spuren der Macralles. Hexen in der Stadt und im Wald.

In der Umgebung von Vielsalm, wo sich nach dem Hohen Venn die höchsten Gipfelplateaus der Ardennen mit ihren Hochmooren und tiefen Wäldern erstrecken, wo sich die Salm ein tiefes, felsiges Tal gegraben hat, zum Herbst hin der Ort mystisch im morgendlichen Nebel über dem unterhalb liegenden See auftaucht und die Häuser und Dächer im Anthrazit des Schiefers glänzen – da sollen sie noch leben und ihr Unwesen treiben: Hexen.

Übernahme der Stadt

Denn hier haben sie die Verfolgungen des Mittelalters und der Neuzeit überlebt, hier feiern sie immer noch ihren Sabbat. Sie heißen in diesem Teil der Ardennen *Macralles,* ihre Anführerin ist Gustine Maka. Jedes Jahr am 20. Juli übernehmen sie die Macht über die Stadt Vielsalm in Anwesenheit von *Neûr Bo,* niemand anderem als dem Satan. Von nun an beherrschen sie für 24 Stunden das Städtchen, begleitet von Musikgruppen, erleuchtet von infernalischem Feuerwerk und verfolgt von der polizeilichen Landgarde, genannt *l'Emmacrallé.* Diese schafft es jedoch an diesem Tag niemals, der Hexen Herr zu werden, die zudem unbescholtenen Bürgerinnen und Bürgern ihre magische Speise *Tchatcha* einflößen, ein Heidelbeermus.

Durch den verwunschenen Wald

Damit erinnern sie an die Legende der Gustine Maka, der man – so glauben einige – auch heute noch in den Wäldern um Vielsalm beim Heidelbeer- oder Pilzesammeln begegnen kann. Vor ihr sollte man sich aber in Acht nehmen, denn gerne bietet sie erfolglosen Sammlern ihren Korb voller *Myrtillen* (Heidelbeeren) an, deren Genuss sie dann selbst zu *Macralles* werden lässt. Lugt da nicht ein Kobold mit warnendem Blick hinter dem Strauch hervor? Huscht dort nicht ein buckliges Weib durchs Gebüsch am Waldesrand?

Daher Obacht nicht nur beim Heidelbeersammeln im Frühsommer oder der Pilzwanderung im Herbst! Der Wald steckt voller Legenden und man sollte sich zuvor mit ihnen vertraut machen, um nicht nur die wundervolle Landschaft, die herbfrische Waldluft, sondern auch die vielen, meist unsichtbaren Wesen des Waldes wahrnehmen zu können, die man sonst eher für eine Baumwurzel, eine Felsformation oder einen Fliegenpilz gehalten hätte.

Wo?

Vielsalm auf halber Strecke zwischen Lüttich und Luxemburg in den zentralen Ardennen. www.vielsalm-tourisme.be

Wann?

Hexensabbat jedes Jahr einen Monat nach Sommeranfang: 20. Juli, von Mitternacht bis Mitternacht

Wichtiges

Das Haus des Salmer Landes bietet Informationen zu Geologie und Geschichte der Region und eine eindrucksvolle Licht- und Tonschau über die sagenhafte Welt der Salmer Hexen – auch auf Deutsch. www.maisondupaysdesalm.be

Das Gold der Ardennen – vom Abbau bis zur Produktion.

Für Geologen sind die Ardennen eine wahre Schatztruhe. Das Mittelgebirge ist über 400 Millionen Jahre alt und damit um ein Vielfaches älter als die Alpen oder Pyrenäen. In vergangenen Zeiten wusch man erfolgreich Gold aus dem Sand- und Kiesbett der rauschenden Flüsse. Zwar hat es im Ardennendörfchen Faymonville bei Malmedy, dem belgischen Klondike, zu keiner Zeit einen echten Goldrausch wie ehemals in den Rocky Mountains gegeben, doch auch heute noch kann man den einen oder die andere Goldwäscherin ihr Glück versuchen sehen. Unter Tage allerdings lagert ein Schatz, der zwar nicht mit Gold aufgewogen werden kann, aber der Region für lange Zeit Ansehen und einen gewissen Reichtum verschaffte.

Für die schärfsten Rasiermesser

In Schichten violetten Schiefergesteins finden sich hier auch gelbe Gesteinsadern, deren Körnung extrem hart und so fein ist, dass aus ihnen der beste Wetzstein der Welt hergestellt wurde – und bis heute wird. Der Pierre de Coticule, elegant zweifarbig in violett und ockergelb, ist seit Mitte des 19. Jahrhunderts das wahre Gold dieser Gegend. Bis nach Nordamerika hallte sein Ruf, die besten Barbiere schworen auf ihn: Kein anderer Stein der Welt kann so hervorragend Rasiermesser und -klingen schärfen wie der Coticule – da bleibt keine einzige Bartstoppel stehen. In schwerer Handarbeit in vertikalen Schächten abgebaut, wurde er in den Werkstätten des Salmtals mit großer Umsicht behauen, geschliffen, geschnitten und poliert.

Vom Rohmaterial zum Unikat

In Salm-Château ermöglicht das Museum des Coticule Einblicke in die Geologie und Wetzsteinproduktion der Ardennen. In Petit Sart arbeitet die Firma Ardennes-Coticules noch heute nach den Methoden, die seit dem 17. Jahrhundert üblich sind. Rob, ein waschechter Ardenner, erklärt Besuchern den Arbeitsablauf vom Schieferblock bis zur Feinpolitur. Mehr als 100.000 Coticules verkaufen er und seine Mannen pro Jahr in alle Welt. Natürlich lässt sich vor Ort ein edles, zweifarbig-schickes Unikat erstehen, ausgezeichnet mit dem Label HIB, *Handmade in Belgium,* sicher verpackt in der kleinen Holzschachtel mit dem unverkennbaren Logo. Ein praktisches, dauerhaftes, nachhaltiges und handwerklich hergestelltes Mitbringsel mit Gewicht und Tradition.

Wo?

Musée du Coticule, 6690 Salm-Château, glainetsalm-haute ardenne.be.
Ardennes-Coticule, Petit-Sart 38c, Lierneux, www.ardennes-coticule.be

Wann?

Museum April bis Anfang November Di–Sa 10–12 und 13–17, So 14–17.30 Uhr, 3/red. 2 €. Ardennes-Coticules Mo–Fr 8–16 Uhr

Wichtiges

An wunderschönen Ardenner Bauernhäusern mit naturbelassenem Schiefermauerwerk kommt man vorbei, wenn man vom Museum über La Comté zur Firma Ardennes-Coticules wandert (12 km hin und zurück).

Schweißtreibende Wanderung mit spektakulärer Aussicht.

Tief unter uns, im Tal der Ourthe, liegt das berühmte Städtchen, in dem es den vielleicht besten Schinken geben soll, für den das Mittelgebirge berühmt ist. Wenn wir wieder unten sind, werden wir gleich einen Abstecher in die Metzgerei Bouilllon & Fils machen.

Eine Stadt nach ihrem Material benannt

La Roche, der Fels, nennt sich der Ort am Ufer der Ourthe, dem größten der ungezähmten Flüsse der Ardennen. Es ist anthrazitfarbener Fels, Schiefer, der in flachen Platten zersplittert und als Material zum Decken von Dächern hervorragend geeignet ist. Und zum Terrassieren der steilen Hänge. Beim Aufstieg zum Deisterberg passieren wir einige eindrucksvolle schwarze Stützmauern. Alle kommen ohne Mörtel aus und sind begehrter Lebensraum für Reptilien. Scheint die Sonne, erhitzen sich die Schieferplatten ganz erheblich – ein Traum für Eidechsen und Co.

Immer weiter bergauf

Der Weg führt vom Ourthe-Ufer zuerst steil bergauf, entlang romantischer Natursteinhäuser, liebevoll restauriert und häufig von wild umrankten Terrassengärten umgeben.

Über Treppen erreicht man die freie Landschaft am Fuß des Montagne du Deister. Statt des ausgewiesenen Wanderwegs wählen wir den Felsenpfad. Es ist seit Tagen trocken, also keine Rutschgefahr. Die letzten Ginsterbüsche blühen, Grillen zirpen in der Mittagshitze. Nach einem ersten Aussichtspunkt geht es weiter bergan, über lockeres dunkles Schiefergeröll. Vereinzelt ragen spitze Felsen hervor. Immer einsamer wird es. Die imposante Schlossruine auf dem Felsvorsprung über der Stadt wirkt von hier wie eine Spielzeugburg. Zwischen Gebüsch und den Mauern der Stadt blitzt ab und zu die Ourthe im grellen Sonnenlicht. Ihr Rauschen ist nur ganz sachte zu hören, die Kanus bilden winzige bunte Tupfer auf dem Fluss.

Von hier oben wirkt alles eine Nummer kleiner. Wir sind dem Alltag weit entrückt. Schweiß steht uns auf der Stirn, der Aufstieg war doch sehr anstrengend. Aber: Er hat sich gelohnt.

Wo?

Wanderung zum Montagne de Deister, Start an der Ourthe-Brücke im Stadtzentrum.
www.coeurdelardenne.be

Wann?

In der Sommerhitze schweißtreibend, ansonsten zu allen Jahreszeiten, bei Regen Rutschgefahr auf dem glatten Fels

Wichtiges

Dem Schlossgespenst Berthe wurde nicht nur ein Denkmal gesetzt. Es soll noch immer in der Burg von La Roche und im Ort sein Unwesen treiben.

Und sie schliefen im tiefen, dunklen Wald.

Wie in den meisten Ländern Mitteleuropas ist in Belgien das Campieren außerhalb der hierfür vorgesehenen Plätze nicht erlaubt. Doch für alle Fans des naturnahen Urlaubs unterm Himmelszelt gibt es eine Alternative. Über das ganze Land verteilt finden sich ausgewiesene Biwakplätze – immer mitten in der Natur, zum größten Teil nur zu Fuß oder mit dem Rad erreichbar, in toller Landschaft und weitab der Zivilisation.

Verschnaufpause

Diese überschaubaren Übernachtungsmöglichkeiten liegen an rauschenden Bächen, auf den Gipfeln der Berge mit umwerfender Weitsicht, an Felsabgründen, neben Viehweiden oder auf lauschigen Lichtungen mitten im Wald. Hier sagen sich nicht nur Kuh, Fuchs und Hase gute Nacht, sondern auch Wanderer, Outdoorfans und Querfeldeinradler – eben alle, die ohne Auto unterwegs sind. Das geht auch mit sehr wenig Gepäck. Man ist ja in der Natur und statt gewaschen wird gelüftet. So treffen sich Gleichgesinnte auf der Transardennaise, im Land von Chimay, auf den Wanderwegen entlang der großen Ardennenflüsse, aber auch in den Heidelandschaften Flanderns und sogar küstennah wie z.B. bei Brügge.

Auf die Natur und Mitmenschen achten

Auch für dieses Outdoor-Erlebnis gibt es Regeln, die sich jedoch auf die Ruhezeiten, das Verbot des Dauercampens und eine Anleitung zum umweltverträglichen Toilettengang in der belgischen Wildnis beschränken. Wenn der Platz belegt ist, heißt es allerdings weiterwandern oder -radeln bis zur nächsten Gelegenheit. Oder man rückt etwas näher zusammen. Das wärmt vielleicht nicht nur beim abendlichen Lagerfeuer. Morgens heißt es dann mit den Vögeln aufzustehen, spätestens um zehn Uhr sollte der Platz geräumt sein. Dass der eigene Müll mitgenommen wird, versteht sich von selbst.

Möchte man nicht (immer) hinter dem nächsten Busch verschwinden oder auch einmal eine Dusche nehmen, lässt sich auf naturnahe Campingplätze mit sanitärer Ausstattung ausweichen, z. B. den Eurocamp bei St-Hubert, den Platz Au Bout du Monde (Am Ende der Welt) in Mabompré (Houffalize) oberhalb des Stausees von Nisramont oder die Campings Le Champ le Monde und Le Canada an der Semois.

Wo?

Über das ganze Land verteilt: www.bivakzone.be (mit Kurzinfo in Englisch)

Wann?

Meist von 18 Uhr abends bis 10 Uhr am folgenden Tag. Einige Plätze müssen vorab reserviert werden.

Wichtiges

Campen in einer Gartenecke oder auf dem privaten Waldgrundstück geht auch: Anbieter und Kontakt auf www.bivouacchezmoi.be (nur auf Französisch)

Auf und Ab in den Hochardennen – ein Klassiker des Radsports.

Es ist ein unscheinbarer Verkehrskreisel am Rande der Innenstadt von Bastogne, aber ein äußerst prominenter. Vier Radrennfahrer aus Edelstahl, einer trinkend, zwei strampelnd, einer jubelnd, markieren den Innenkreis, darunter ein Logo aus drei Berggipfeln und der Schriftzug *La Doyenne*. Einmal im Jahr drehen hier nicht Autos ihre Runden.

Der Sport einer Nation

Der Platz wird zum Wendepunkt des legendären Eintagesrennens Liège-Bastogne-Liège. Im radsportbegeisterten Belgien hat dieses Rennen einen immensen Stellenwert, es zählt zu den traditionsträchtigsten Radrennen der Welt und trägt auf Französisch daher den Ehrentitel *La Doyenne,* was hochachtungsvoll mit „Älteste/r" übersetzt werden kann. 275 Kilometer und 4000 Höhenmeter sind zu bewältigen, wobei es die kurzen, aber knackigen Anstiege (bis zu 20 %) auf holprigem Untergrund sind, die den Reiz und die Herausforderung ausmachen. Jedes Jahr Ende April setzt sich der Radtross in Lüttich in Bewegung und kommt nach ca. 100 Kilometern in stetem Auf und Ab in Bastogne an, wo bereits den ganzen Tag gefeiert wird. Dass die Stadt eigentlich nur den Wendepunkt des Rennens darstellt, spielt da keine Rolle.

Die Strecke an sich entspricht in Länge und Höhenprofil in etwa der einer großen Alpenetappe der Tour de France. Vor allem die Rückfahrt ist mit heftigen Anstiegen, den legendären *Côtes,* gespickt. Dort trifft man dann auch besonders viele Fans an, in den kleinen Orten bleibt häufig nur eine schmale Gasse für die Rennfahrer. Man will ganz nahe sein. Der Schweiß ihrer Anstrengung liegt in der Luft.

Übung macht den Meister

Selbst Amateure können in den Genuss dieser außergewöhnlichen Strecke kommen. Am Tag zuvor ist sie bereits gesperrt und steht allen offen, die sich den sportlichen Leiden der Ardennenrundfahrt stellen wollen. „LBL Challenge" nennt sich das Vorrennen, das den wahren Profis den Weg bereitet. Aber auch außerhalb der Renntage sind Bastogne und die hohen Ardennen ein Eldorado für den Radurlaub – sowohl in seiner sportlichen als auch in der eher entspannten Version.

Wo?

Eintagesrennen Lüttich-Bastogne-Lüttich u.a. über La Roche, Vielsalm, Stavelot, Spa: www.liege-bastogne-liege.be, Infos zum Amateurrennen auf lblchallenge.be

Wann?

Vorletztes oder letztes Aprilwochenende, samstags Amateure, sonntags Profis

Wichtiges

Ravel nennt sich das System hervorragend ausgebauter Radwege in der Wallonie; ravel.wallonie.be.

Gemütliche, einsame Waldoasen mit Wohlfühlgarantie.

Nebelschwaden durchziehen das Tal, tauchen den Wald in ein geheimnisvolles Zwielicht. Letzte Blätter hängen an dürren Ästen, der Raureif des Spätherbstmorgens hat sie mit einem weißen Mantel versehen. Wie vorher abgemacht, geht derjenige, welcher zuerst aufwacht, Holz holen. Dafür muss man zwar die behagliche Hütte verlassen, doch zum nächsten Stapel ist es nicht weit. Frühmorgens begegnet man höchstens einem Eichhörnchen, Autos sind in der *Domaine* sowieso nicht erlaubt. Die Holzstapel stehen unten am Fluss. Daneben gibt es eine Feuerstelle. Gestern Abend haben wir hier – gut eingepackt – den hin- und herspringenden Flammen zugeschaut, uns am Feuer gewärmt und uns wie in einem Märchen der Kindheit gefühlt – „... und sie verliefen sich im tiefen, tiefen Wald".

Ohne Pomp und Luxus

Nahe der luxemburgischen Grenze, an der Oberen Sauer, liegt der Ferienpark Nutchel, dessen lautmalerischer Name bereits ankündigt, dass man sich hier wohl fühlen wird. Die *Cabanes*, die gemütlichen Tiny Houses, sind locker über den Hang verstreut, mit viel Holz, Liebe zum Detail und ökologisch ausgebaut. Einige besitzen eine Dachterrasse, die einen weiten Blick über das bewaldete Tal ermöglicht. Im Sommer lässt sich hier bei den ersten Sonnenstrahlen, die es über die Hügel schaffen, herrlich frühstücken.

In der Region verteilt

Die Ardennen sind ein, wenn nicht *das* Ziel für alle, die sich im Urlaub nach Ursprünglichkeit inmitten der Natur sehnen. Die *Domaine Nutchel Ardennes* ist dabei nur eine von zahlreichen Ferienanlagen, die naturnahen Urlaub mit der Behaglichkeit eines Wald- oder Baumhäuschens verbinden. Überall finden sich in der Umgebung abenteuerliche Trails oder stille Wanderwege. Auch mit dem Fahrrad oder Mountainbike lassen sich die Ardennen von diesen Waldoasen wunderbar erkunden.

Ich komme zurück vom Holzholen. Wir kuscheln auf der Couch, bis die Kinder aufwachen. Und schauen dabei aus dem großen Fenster, das die gesamte Wandfläche einnimmt, in den Wald, in den Nebel und auf den Raureif an den Blättern des vergangenen Sommers. Im Kaminofen knistert das Feuer.

Wo?

Forest Village Nutchel Les Ardennes, Rue de Radelange 51, 6630 Martelange, nutchel.be. Weitere Anlagen auf visitwallonia.de, Stichwort: besondere Unterkünfte, ungewöhnliche Gîtes und Hotels

Wann?

Ganzjährig buchbar und besonders in der dunklen Jahreszeit ein heimeliges Urlaubsziel

Wichtiges

Wetterfeste Kleidung nicht vergessen, wenn man mal die gemütliche Hütte verlassen will.

Ein Nationalgericht, das in verschiedenen Variationen die Welt eroberte.

French Fries oder Pommes Frites – der Name legt nahe, dass die weltweit beliebten frittierten Kartoffelstäbchen aus dem Land der Haute Cuisine, Frankreich, stammen. Doch, wer hat's erfunden? Die Belgier! Und wer macht die besten Pommes? Die Belgier! Zwar werden einige Nordfranzosen Einspruch erheben, doch man wird in Belgien nicht darum herumkommen wollen, sich in einer der vielen *Friteries* oder *Frituurs* davon zu überzeugen, dass die Belgier Recht haben.

Breitgefächertes Angebot

Belgische Pommes werden zweimal frittiert, sind unregelmäßig in der Form, üblicherweise von Hand geschnitten und in Rinderfett gegart. Letzteres soll das wahre Geheimnis der Qualität belgischer Fritten sein, doch es wird zunehmend auch Pflanzenöl verwendet. Obenauf garniert oder im separaten Töpfchen begleitet werden die Fritten von fast 30 Soßen, deren Gefäße in belgischen Frittenbuden meterlange Reihen bilden. Ob scharf, süßsauer oder sanft-pikant, die Geschmacksrichtungen lassen keine Wünsche offen und überfordern alle, die zum ersten Mal vor die Frage gestellt werden: *Quelle sauce? Welke saus op de patat?* Meist landet man dann bei Mayo oder Ketchup, doch sollte man beim dritten oder vierten Besuch der *Frituur* auch mit der Andalouse oder der Samouraï Bekanntschaft machen.

Die richtige Umgebung

Neben ihrem Produkt ist es die Lokalität, die aus der *Friterie* eine urbelgische Angelegenheit macht: Man findet sie als hippes Lokal in der Stadt, als improvisierten Holzverschlag direkt neben der Autobahn, idyllisch mitten in der Natur am Ufer eines wilden Flusses oder bei der Viehweide. Während die Kühe genüsslich grasen, tunkt man die goldgelben Stängel tief in die Mayo hinein und knuspert eine nach der anderen, bis die Plastikschale – schneller als gedacht – leer ist. Andernorts bekommt man noch die klassische Pommestüte aus Papier oder ein edles, nur für diesen Zweck designtes Gefäß präsentiert. Gleich ist überall der Geschmack – und das Nationalgefühl. Pommes scheinen für Flamen wie Wallonen das zu sein, was das sonst so widerspenstige Land zusammenhält. Daher sollte man sie eigentlich als Symbol in die belgische Flagge aufnehmen, die goldgelbe Farbe würde ja passen.

Wo?

Überall im Land, z. B. neben der Viehweide hinter der Autobahnausfahrt l'Eglise, Burnaimont 5 (A 4/E 25 Arlon-Brüssel) oder im patriotischen Stil in Leuven (Löwen), Kortestraat 4

Wann?

Meist über Mittag (ca. 11.30–14.00 Uhr) und abends (ab ca. 17.30 Uhr) geöffnet, zuweilen durchgehend

Wichtiges

Äußerst kalorienreich, aber seeehr schmackhaft

Warme Farben und südländischer Esprit prägen das Kloster.

Im äußersten Süden zeigt Belgien ein für viele unbekanntes Gesicht. Kein roter Backstein, keine großen Marktplätze mit giebelständigen Häusern oder mächtigen Rathäusern im gotischen Stil. Hier ist alles etwas kleiner, beschaulicher, idyllischer. Die Sonne scheint wärmere Strahlen auf das hügelige Land zu senden, goldgelb leuchten die Fassaden der urigen Bauernhäuser. Sie sind aus dem typischen Stein der Region errichtet, der in der französischen Sprache als *Jaumont* bezeichnet wird und im angrenzenden französischen Lothringen weit verbreitet ist.

Nicht nur spirituell

Auch die Ruinen, Spitzbögen und Säulen der ehemals bedeutenden Abtei Orval werden durch das Licht in ein sanftes Ocker getaucht. Wiesen mit uralten Apfel- und Birnbäumen zeugen davon, dass man hier noch in naturnaher Weise Landwirtschaft betreibt. Bei Torgny wächst Wein.

An Wochenenden ist der Parkplatz der Abtei Orval gut gefüllt. Orval ist in ganz Belgien wegen seines Bieres berühmt, was manche als den wahren Grund der Beliebtheit des Klosters ansehen. Doch das stimmt nicht so ganz. Nicht wenige kommen in dieses Anfang des 20. Jahrhunderts wiedererrichtete Kloster, um besinnliche Tage mit den Benediktinermönchen zu verbringen, und viele andere, um die mystische Atmosphäre der Ruinen zu erleben, die die französischen Revolutionstruppen 1791 vom alten Kloster übrig gelassen haben. Der Kräutergarten, die Überreste des Kreuzgangs, die Ausstellungen in ehemaligen Wirtschaftsgebäuden und im Dunkel unterirdischer Kellergewölbe strahlen eine einnehmende Ruhe aus, die sich auch auf die Menschen überträgt.

Keine Abtei ohne Mythos

Im Zentrum der Klosterruinen plätschert ein Brunnen in ein Wasserbassin, am Rande liegt die Mathildenquelle. In das glasklare Wasser haben Besucher unzählige Münzen geworfen. Das kreisrunde Becken erinnert an die Legende der Heiligen Mathilde, die ihren verlorenen Ring im Maul einer gefangenen Forelle wiedergefunden hatte. Wer der Versuchung im Klosterladen nicht widerstehen konnte, wird im Emblem des gekauften Trappistenbieres diese gerne erzählte Geschichte wiedererkennen.

Wo?

Abtei Orval, 6823 Villers-devant-Orval. Anfahrt über N 88 Florenville-Virton, Bahn/Bus ab Florenville Bahnhof Linie 24 bis Orval. www.orval.be

Wann?

Täglich 9.30–18.30 Uhr, Juli–September bis 18.30, November–Februar 10.30–17 Uhr. 7 €

Wichtiges

Wer auch besinnlich übernachten möchte, ist im nahen Eco-Gîte Ferme du Bois Le Comte gut aufgehoben. 6823 Villers-devant-Orval. www.boislecomte.be

»Der Kräutergarten, die Überreste des Kreuzgangs, die Ausstellungen in ehemaligen Wirtschaftsgebäuden und im Dunkel unterirdischer Kellergewölbe strahlen eine einnehmende Ruhe aus.«

58

VILLERS-DEVANT-ORVAL, ABTEI

Die Künstler erobern das Dorf. Die Ruhe vor dem Sturm.

Die Straße verläuft weit oben und gewährt nur an wenigen Stellen einen Blick durch das Gebüsch zur Semois hinunter. Im Gegensatz zu den flussabwärts liegenden Abschnitten ist die Landschaft hier sanft gewellt, nur am Horizont erkennt man schemenhaft, wie sich die Ardennen mit ihren dunklen Wäldern erheben.

Mit Blick auf den Fluss

La Gaume heißt die Gegend, Florenville ist ihr überschaubares Zentrum. Die Stadt ist oberhalb des Steilhangs zum Fluss hin gebaut. Hinter der Kirche gibt es einen wunderbaren Aussichtspunkt in das weite, grüne Tal. Das hübsche Dorf Chassepierre kann man von hier aus allerdings nicht erkennen. Es liegt einige Viehweiden weiter Richtung Westen. Steil führt die schmale Straße zum Flussufer hinunter, über uralte Steinbrücken weiter zu diesem versteckten Ort, der zu den schönsten der Wallonie zählt.

Das Dörfchen liegt in einer Schleife der Semois. Die Martinskirche mit ummauertem Kirchhof und den halbverwitterten Steinkreuzen aus dem gelben Gestein der Region ragt über das linke Flussufer empor. Von hier oben hat man den schönsten Blick auf den Fluss, der bis heute in seinem natürlichen Bett fließen darf.

Wenn Leben in ein ruhiges Dorf kommt

Der Ort selbst ist recht überschaubar, ein Hotel mit Restaurant, ein Café, das auch einige lokale Gerichte anbietet. Im Sommer werden Tische und Stühle nach draußen gestellt. So recht herausgeputzt ist der Ort nicht, im Gegenteil, es gibt eine Menge Patina vor bunt blühenden Bauerngärten. Manche Ecken präsentieren sich wild verwunschen. Das alles zusammen schafft eine inspirierende Atmosphäre. Chassepierre strahlt eine magische, einnehmende Ruhe aus. Nur einmal im Jahr kehrt Geschäftigkeit ein. Beim Festival International des Arts de La Rue treffen hier Künstler und Künstlerinnen aus ganz Europa auf Tausende von Besuchern. Dann ist es erst einmal vorbei mit der Ruhe, dafür wird außergewöhnliches, vielfältiges Straßentheater geboten, im ganzen Ort und auf den Wiesen und Wegen um Chassepierre herum.

Wo?

Landschaft La Gaume im Südosten des Landes bei Florenville sur Semois

Wann?

Durch bunte Blumenwiesen, in der Schwüle des Sommers oder im farbenfrohen Herbst – die Gaume ist beliebtes Ziel für Wanderer und Radfahrer: Wanderweg um Chassepierre auf www.beauxvillages.be

Wichtiges

Festival International des Arts de la Rue jedes Jahr Mitte August. www.chassepierre.be

Aufregendes Erlebnis. Mit dem Kanu durch die urwüchsigen Ardennen.

Die ausladenden Äste der Erlen und Eschen berühren fast die Wasseroberfläche. Winzige, silbrig glänzende Fische flitzen unter dem Boden des Kanus vorbei. Lange Fäden grüner Algen schwingen in der Strömung des Flusses. Mit jedem Paddelstoß bilden sich glitzernde Wellen, die langsam zum Ufer hin auslaufen. Der Wald scheint hier undurchdringlich, keine Straße folgt dem Flusslauf in seinen unendlich scheinenden Windungen. Steile Hänge mit Felspartien wechseln sich ab mit sanften Ufern, die in der Nähe der kleinen Siedlungen als Viehweiden genutzt werden. Graureiher staken durch das seichte Wasser der Kies- und Sandbänke. Bereits mehrmals hat ein Eisvogel in seinem pfeilschnellen Flug unseren Weg gekreuzt.

Abenteuer auf dem Fluss

Gestartet wird in Chiny, fast noch am Oberlauf der Semois. Erst kurz davor mündet die Vierre in den Fluss, verleiht ihm Breite und Tiefe – und Geschwindigkeit. Die Strömung darf man an den felsigen Passagen nicht unterschätzen, da braucht es durchaus auch Geschick und Können. Denn im Kajak sind ja auch die ganzen Vorräte für die kommenden Tage verstaut, dazu ein Zelt und Schlafsäcke.

Roadtrip mal anders

Die Semois ist Belgiens ursprünglichster Fluss. Ihre Quelle liegt in der südöstlichen Ecke des Landes bei Arlon. Von dort fließt sie über eine landwirtschaftlich geprägte Hochebene Richtung Westen und erreicht nach Chassepierre die Ardennen. Ab hier bildet sie ein tief eingeschnittenes Tal, dessen einzige größere Siedlung Bouillon mit der imposanten Burg über dem Flussmäander darstellt. Dichte Buchenwälder begleiten ihren Flusslauf, dazwischen liegen ursprüngliche Dörfer mit viel Patina und wildromantische Natur. Nach 220 Kilometern mündet der Fluss im angrenzenden Frankreich in die Maas. Von Chiny aus lässt sich die Semois auf neun Tagesetappen bis zur Mündung vollständig befahren, ein echtes Naturerlebnis, das man so eher im hohen Norden Europas vermuten würde. Eine Kanufahrt ist, ganz gleich ob halbtags oder als Mehrtagestour mit Übernachtung auf den urigen Campingplätzen am Ufer, ganz großes Abenteuer in einem der entlegensten Winkel Belgiens.

Wo?

Ab Chiny zwei Verleiher, Tages- und Mehrtagestouren. Alle Infos auf www.visitardenne.com, Stichwort: Kanufahren auf der Semois

Wann?

Befahrbar ab Chiny ganzjährig von 10–17 Uhr, im Sommer 9.30–18, ab Herbeumont bis 20 Uhr

Wichtiges

Mit dem eigenen Kanu startet man bei der Brücke Pont St-Nicolas in Chiny. Bis zur Mündung sind es 140 km. Im Sommer im Unterlauf häufig dichter Hahnenfußbewuchs

Am ungezähmten Flusslauf entlang, über abenteuerliche Brücken.

Ein steiler Wanderweg führt durch die lichten Wälder des Talhanges zum Rand des Plateaus, in das sich der Fluss über Jahrmillionen sein tiefes Bett gegraben hat. Spitze Felsen ragen an markanten Stellen über dem Abgrund hervor und stellen hier wie entlang des gesamten Laufs der Semois beeindruckende Aussichtspunkte dar. Sie tragen mystisch klingende Namen wie das Grab des Riesens, manche wecken die Fantasie oder rufen Erinnerungen an geheimnisvolle Erzählungen wach wie Rabenblick oder Turmfelsen. Von hier oben, rund 200 Meter über dem Grund, blickt man weit über die scheinbar endlose und so weltentrückte Wald- und Flusslandschaft hinweg.

Betriebsamkeit

Zumindest in Bouillon ist man so weltentrückt jedoch nicht. Das Städtchen mit seinem berühmten Einwohner, Godefroy de Bouillon, im elften Jahrhundert Herzog, Burgbesitzer und erfolgreicher Kreuzfahrer, ist zu allen Jahreszeiten einer der touristischen Hotspots der Ardennen. Bouillon erweckt an sommerlichen Tagen den Eindruck, die Hauptstadt des Schwanen-Tretbootes zu sein, so viele der bunten Viersitzer tummeln sich dann zwischen den beiden Brücken. Vom Frühjahr bis zum Spätherbst ist es zudem der zentrale Treffpunkt für Wanderungen entlang des vielleicht schönsten Flusslaufs der Ardennen.

Eins mit der Natur

Der Wanderweg GR 16 verläuft in mehreren Varianten am Flussufer vorbei oder über die Crêtes, die felsigen Bergrücken oberhalb des Tales. Steile An- und Abstiege zaubern echtes Hochgebirgsfeeling nach Belgien. Ufernah führen Pfade am ungezähmten Flusslauf entlang. Man passiert Abteien in klösterlicher Einsamkeit, zahlreiche Burgruinen, abenteuerliche Bogen- und Hängebrücken. Beim Ort Vresse lässt sich die Semois auf einer Stelzenbrücke auf einem Belag aus geflochtenen Ästen überqueren. Einer der zahlreichen Höhepunkte ist das imposante Viadukt von Herbeumont. Majestätisch erheben sich die über 40 Meter hohen Brückenpfeiler über den Fluss und die Wälder der Ardennen. Der Wanderweg nutzt hier die ehemalige Bahntrasse. Es ist eine atemberaubende Passage zwischen Himmel und Erde.

Wo?

GR 16 von Arlon (Quelle) bis Monthermé, Frankreich (Mündung), 210 km. Markierung ist ein rot-weißer Balken. Örtliche Wanderwege sind rot-gelb markiert.

Wann?

Zu allen Jahreszeiten, im Sommer und an Feiertagen in und um Bouillon recht voll

Wichtiges

Wanderstöcke und passendes Schuhwerk notwendig. Bei feuchtem Wetter Vorsicht auf den felsigen und steilen Passagen. Streckenverlauf auf fredrando.be, offizieller Wanderführer u.a. in der Touristinfo Bouillon, grsentiers.be/magasins

Auf in die Unterwelt. Wenn die Natur der beste Architekt ist.

Windungsreich rauscht die mittlere Lesse durch die Ardennen, vorbei an beschaulichen Dörfern und Weilern. Die Häuser sind im hellen Kalkstein der Gegend errichtet, viele restauriert und von kunterbunten Bauerngärten umgeben. Urige Steinbrücken überspannen in Chanly, Resteigne und Belvaux das Flüsschen, das noch immer in seinem natürlichen Bett fließt und wenige Kilometer vor Han in einem Felsschlund verschwindet.

Unter der Erde

Hier beginnt der abenteuerlichste Teil ihres Laufes, der spektakulärste Flussabschnitt des ganzen Landes. Das Wasser sucht sich seinen Weg durch ein riesiges Höhlensystem, formt und erweitert es dabei noch immer. Nach etlichen Kilometern tritt es dann unterhalb eines mächtigen Kalkfelsens wieder zu Tage und kann von faszinierenden unterirdischen Landschaften erzählen. Die Höhlen von Han an der Lesse sind Belgiens größter unterirdischer Schatz, gleichzeitig archäologische Ausgrabungsstätte und UNESCO-geschütztes Naturerbe, das neben den Tropfsteinhöhlen von Han die unterschiedlichsten Karstformationen wie Einbruchstrichter (so genannte Dolinen) oder Trockentäler umfasst.

Die Natur formt

Glänzende Stalagmiten und Stalagtiten, filigrane oder mächtige Kalksäulen, natürliche Skulpturen, in denen man Fabelwesen erkennen möchte, fächer- oder wellenartige Kongregationen wurden und werden vom steten Tropfen, der den Kalk herauslöst und dann an anderer Stelle abgibt, gebildet. Dazwischen hört und sieht man immer wieder die Lesse in ihrem unterirdischen Bett rauschen, das sie bei Hochwasser auch verlässt und dann große Teile der Höhlen unter Wasser setzt.

Bei einem Besuch steigt man stets auf und ab, kommt in riesige, kuppelartige Räume, flaniert am unterirdischen Flusslauf entlang zum Höhlenausgang und wieder ins Freie, wo einen dann die harte Realität des Freizeitparks empfängt. Neben Pommes bekommt man hier alle Sorten Eis serviert, kann sich durch Belgiens Bierauswahl trinken, auf Safari in den Tierpark begeben oder (am besten) mit der nostalgischen Touristenbahn nochmals zum Höhleneingang dampfen, um beim zweiten Besuch vielleicht noch mehr dieser stillen, faszinierenden Welt unter Tage zu erleben.

Wo?

Domaine de Han, Rue des Marronniers 1, 5580 Han sur Lesse. Zum Höhleneingang mit der Nostalgietram ab der Kirche, zu Fuß über die Rue des Grottes

Wann?

Von Ostern bis Anfang November und in Ferienzeiten täglich geöffnet, sonst nur am Wochenende. Zeiten, Tarife und Tickets über grotte-de-han.be

Wichtiges

Für Menschen mit Gehbeeinträchtigung und Klaustrophobie nicht geeignet. Ein wärmender Pullover ist zu allen Jahreszeiten angebracht.

La Flobette – eine Uferbar am paradiesischen Ende der Welt.

Florence hat sich hier ihren Traum erfüllt – **ein Bistro** direkt am Ufer der Lesse, das man (fast) nur zu Fuß erreichen kann. An ausgewählten Abenden spielen dort lokale Bands auf. Ihren Traum hat sie sich mit Freunden selbst aufgebaut und dafür auch einen traumhaften Ort gefunden: Zwischen Houyet, Gendron-Celles und dem Schloss von Walzin steht ihr locker zusammengezimmertes Uferbistro direkt am Lesse-Wanderweg.

Blumen machen alles hübscher

Die entspannte junge Frau zaubert jedem Besucher, ob groß oder klein, ein Lächeln ins Gesicht. Ihre Küchenkreationen basieren ausschließlich auf biologisch produzierten Rohstoffen, vieles ist selbst in der Umgebung gesammelt und stets finden sich essbare Blüten als Topping. Das alles ergibt auf den Tellern ein essbares Kunstwerk in den vielfältigen Farben der Natur. Dass diese bunten Küchlein, die Quiches und Bowles ungemein lecker sind, braucht man eigentlich nicht eigens zu erwähnen. Und so kommt es, dass selbst bei weniger ansprechendem Wetter viele den Weg hierhin, fernab der Zivilisation, zu Florence' Uferbar finden.

Perfekt in die Natur integriert

Bunt bemalte Stühle, einfache Balken, wiederverwendetes Holz, von dem manchmal die Farbe abblättert. Die Füße kann man an heißen Tagen im Fluss abkühlen, unterhalb der Flobette gibt es sogar einen Anleger für Kanus und Kajaks. Alles wirkt improvisiert und doch so mit der Natur verschmolzen, dass man sich von dem Bild gar nicht mehr trennen möchte. Die Lesse aufwärts erreicht man auf dem schmalen Wanderweg nach zwei Kilometern den Bahnhof Gendron-Celles, bergan geht es über zahlreiche Stufen in die Höhlen- und Felslandschaft des Parks Furfooz. Der einzig befahrbare Weg führt auf die Hochebene. Für Florence ist dieser Weg wichtig, damit auch Menschen, die nicht mehr so gut zu Fuß sind, und Familien mit Buggys in ihr Paradies kommen können. *Non au Retour à l'Anormal* steht auf dem Holzschild am Ausgang: Nein zu einer Rückkehr ins Unnormale. Und damit meint sie die Welt außerhalb der Flobette.

Wo?

La Flobette, Rue du Camp Romain 82, 5500 Dinant-Furfooz. 20 Min. zu Fuß vom Bahnhof Gendron-Celles auf dem GR126 oder vom Parkplatz des Naturreservats in Furfooz. Von hier auch mit Rad, Pferd und auf Anmeldung mit dem Auto erreichbar

Wann?

Außer im Winter und bei sehr schlechtem Wetter täglich 10–17 Uhr. Am besten vorher informieren: +32 477690874. laflobette.be

Wichtiges

Man kann auch über den Naturpark Furfooz zur Uferbar wandern. Das kostet zwar extra Eintritt, finanziert aber den Erhalt dieser paradiesischen Landschaft. www.parcdefurfooz.be

Natur wie aus einem Fantasyroman mit Blick aufs Schloss genießen.

Biegt man von der Maas bei Anseremme ins Tal der hier einmündenden Lesse ein, wird es erst einmal ziemlich eng und dunkel. Waldbestandene Hänge links und rechts, dazwischen gerade einmal Platz für eine schmale Straße und den Fluss.

Auenland in der Realität

Doch hinter der Lessebrücke erinnert die Landschaft an Mittelerde, eine Welt so ursprünglich und phänomenal, J. R. R. Tolkien hätte es nicht besser schreiben können. Die Natur zeigt hier ihr ganzes Können: Ein wildromantischer Flusslauf mit kleinen Flussinseln, bestanden mit elegant gewachsenen Erlen. Uferbänke aus feinem und grobem Kies haben sich mit der Strömung des Wassers gebildet. An den Ufern blühen im Frühsommer bunte, saftige Talwiesen, aus den dicht bewaldeten Hängen ragen steile Kalkfelsen hervor. Einige steigen unmittelbar und senkrecht aus dem Wasser empor. Früh morgens und zum Abend hin ertönt das vielstimmige Gezwitscher der Vögel. Die einzige Straße endet nach wenigen Kilometern an einem Feldweg.

Verzaubertes Schloss

In wehrhafter Lage über dem Fluss, auf einem mächtigen Felsblock, wurde es errichtet und seit dem Mittelalter mehrmals umgebaut. Die letzte Restaurierung ist auf die 1930er-Jahre datiert und hat eines der beliebtesten Fotomotive Belgiens entstehen lassen: das Schloss Walzin. Es ist unmittelbar an der Felskante errichtet, seine Außenmauern verschmelzen mit dem darunterliegenden Gestein. Schon der edle Name des ehemaligen Schlossbesitzers, Baron Frédéric Brugmann de Walzin, weckt die Fantasie, seinem Schloss in dieser Adlernestlage gelingt es allemal.

Gegen Abend ist es am Flussufer am schönsten. Die Strahlen der untergehenden Sonne tanzen auf dem bewegten Wasser, das Rauschen des Flusses wird von den hohen Felswänden zurückgeworfen, im leichten Wind rascheln die Blätter der Zitterpappeln und hoch oben auf dem Felsen beleuchten die letzten Strahlen, die es über die Talhänge schaffen, die Spitzen der beiden Schlosstürme. Man sitzt am Ufer, alleine oder zu zweit, und träumt so vor sich hin.

Wo?

Château de Walzin, **Rue de Walzin 1, 5500 Dinant.** Zum Aussichtspunkt am linken Lesseufer über die Fußgängerbrücke Pont à Walzin am Ende der asphaltierten Talstraße Pont-à- Lesse

Wann?

Am frühen Morgen, bevor Kanus und Kajaks die Lesse bevölkern, und zum Sonnenuntergang hin herrscht inspirierende Stille.

Wichtiges

Das Schloss selbst ist in Privatbesitz und kann nicht besichtigt werden.

„La Gloire des Pâtissiers“ – Ruhm und Ehre der belgischen Backkunst.

Es gibt sie in rund, zu jeweils fünf Stück abgepackt, es gibt sie als Tafeln mit Katzen-, Saxophon- oder Felsenmotiv, auf manchen erkennt man sogar Dinant mit der kuppelgekrönten Eglise Notre-Dame, der Maasbrücke und den Zitadellenfelsen. Sie sind lange haltbar, ein guter Vorrat nicht nur fürs Leckereien-Schränkchen.

Lebensrettendes Gebäck

Sie nennen sich Couques, mit u ausgesprochen, was dann wie „Kuk“ klingt. Couques sind eine belgienweit bekannte Spezialität aus der Stadt Dinant. Und Dinant ist stolz auf seine Couques. Sie sind vermutlich eine Erfindung des 15. Jahrhunderts. Karl der Kühne belagerte die Stadt, die sich mit einem Gebäck aus Honig und Weizenmehl, beides war im Gegensatz zu weiteren Lebensmitteln noch innerhalb der Mauern vorhanden, zu helfen wusste. Um die Widerstandskraft nicht nur geschmacklich, sondern auch visuell zu fördern, wurde das recht schmucklose Dauer-Gebäck zusätzlich mit allerlei Motiven verziert.

Bei dieser reduzierten Zutatenliste wundert es nicht: Die Couques sind hart. Sehr hart. Man kann sich an ihnen die Zähne ausbeißen. Daher endet auch jedes Verkaufsgespräch mit einem eindringlichen Verzehrhinweis: Bitte nie kauen oder beißen! Sondern unbedingt im Mund schmelzen lassen, das scheinbar harte Stück Gebäck zerfließt dann butterweich und gibt seinen süßen Honiggeschmack frei.

Der passende Laden

Und so sieht man sowohl im Laden als auch in der Stadt Menschen, die Ecken einer Gebäcktafel lutschen – oder vornehmer formuliert – im Mund zergehen lassen. Dass man auf diese Weise nicht riesige Mengen zu sich nehmen kann, ist selbstredend, will man nicht stundenlang mit einem Keks beschäftigt sein. Couques sind daher so etwas wie eine diätische Süßigkeit. Und Couques sind Kult. Der Laden, in dem man sie kaufen kann, übrigens auch – klassische belgische Gemütlichkeit. Man glaubt, kaum ohne Trenchcoat, Schirm und Melone eintreten zu dürfen, kann sich in den Spiegeln stets selbst beim Lutschen, pardon, Schmelzen der Couques beobachten und heimlich anderen dabei zuschauen, wie sie mit dem harten Stück fertig werden.

Wo?

Pâtisserie Jacobs, Rue Grande 147, 5500 Dinant. +32 82222139

Wann?

Täglich 7–19.30 Uhr

Wichtiges

Die Pâtisserie ist ein Familienunternehmen mit über 170-jähriger Tradition. Besichtigung der Produktion auf Anfrage täglich möglich.

Die Stadt des Saxophons: Mal turbulent, mal entspannt.

Der Sonntagsausflug in die Ardennen gehört nicht nur im Sommer zu den liebgewonnenen Traditionen der Belgier. In Durbuy an der Ourthe und in Bouillon an der Semois wird es dann sehr voll, aber am vollsten ist es in Dinant. Das liegt nicht nur am einzigartigen Stadtbild unterhalb des Zitadellen-Felsens und dass hier eine der bekanntesten Brauereien Belgiens ihr Bier (Leffe Blonde) braut, welches auf der Terrasse mit Blick ins romantische Maastal ausgeschenkt wird. Selbst das knüppelharte örtliche Gebäck Couques kann nicht alleinig für den immensen sommersonntäglichen Besucherandrang verantwortlich gemacht werden. Vielleicht spielen die Seilbahn zur Zitadelle oder die vielen Ausflugsboote für Touren auf der Maas ebenso eine Rolle.

Wenn Töne die Luft erfüllen

Eines der Schiffe trägt den Namen Sax, und das ist für Musikfans wohl der ausschlaggebende Punkt, nach Dinant zu fahren: Es ist die Geburtsstadt eines Mannes, dessen Erfindung die ganze Welt erobert hat. Hier, in dem kleinen wallonischen Städtchen mit seinem typischen Mix aus Idylle und leichtem Hang zur Morbidität, ist dieses Musikinstrument auf die Welt gekommen – das Saxo-Phon. Die Stadt ehrt das berühmteste seiner Kinder, Monsieur Adolphe Sax, mit einer liebevollen Statue vor dem kleinen, feinen Museum, das kostenlos über den Erfinder, die verschiedenen Entwicklungsstadien des Instruments, dessen Töne und Musik informiert. Neben Schriftlichem gibt es auch einige musikalische Kostproben und eine Menge Anschauungsmaterial zu entdecken.

Gegensätze

Mit dem Saxophon im Ohr kann man anschließend beschwingt durch die Stadt flanieren, die sich gegen Abend schnell leert. Die Sonne senkt sich über die Maas, beleuchtet die Kuppel der Kirche Notre-Dame. Am Ufer liegen die Ausflugsschiffe und Touristenboote nun in Reih und Glied vertaut. Nach all der Hektik und der Menschenmenge des Nachmittags macht sich eine entspannte Ruhe breit. Einige Restaurants haben direkt am Ufer bestuhlt. Gechillt genießt man noch einen regionalen Rot- oder Weißwein von den Hängen der Meuse oder ein Leffe. Es ist fast schon dunkel, da legt ein letztes Ausflugsboot an – es ist die Sax.

Wo?

Maison Adolphe Sax, Rue Adolphe Sax 37, 5500 Dinant

Wann?

Täglich von 9–19 Uhr, im Sommer länger. Eintritt frei

Wichtiges

Rundweg zu zahlreichen Monumenten rund um Sax und Saxophon, Veranstaltungen und Konzerte auf sax.dinant.be. Ausflugsfahrten, u. a. mit der „Sax“, über www.dinant-evasion.be

Nur ein Seil verhindert den Fall in die Tiefe.

Schon am Vortag beobachteten wir sie ehrfürchtig, als wir vom Maasufer nach oben in den tiefblauen Himmel blickten. Sie, ungefähr 150 bis 200 Meter höher, scheinbar schwebend.

Akrobatik hoch in der Luft

Nun, am folgenden Morgen, stehen wir oben und blicken auf das kaum wahrzunehmende Seil zwischen den Felswänden. In dessen Mitte steht sie, mit ihrem breitkrempigen Strohhut und dem bunten Sommerkleid, so frei, so frisch, so luftig wie ihr Tanz über dem Abgrund. Dazu ist dieser Abgrund auch noch ein so schöner: Die Maas schlängelt sich windungsreich zwischen abwechselnd grün-weißen Ufern, nur eine Straße erinnert an das 21. Jh., ansonsten wilde, erhabene Natur und – Richtung Norden – die wohl schönste Schlossanlage Belgiens, das Château de Feÿr. Es ist eigentlich weniger das Schloss selbst als seine französischen Gärten, die von oben betrachtet erst ihre geometrische Eleganz offenbaren.

Ob sie hierfür Augen hat? Völlig konzentriert auf ihre Bewegungen und das Schwingen des Seils spaziert sie von einem zum anderen Ende, von einer Felsspitze zur anderen, ungefähr 200 Meter überbrückend.

Nerven wie Drahtseile

In der Mitte angekommen, senkt sich das Seil für uns Beobachter gefährlich in die Tiefe, es schwingt stark, zumal jetzt auch noch Wind aufkommt. Wird sie die Balance halten können? Sie fällt – zum Glück mit einem Zusatzseil abgesichert. Ihre Hände greifen das Seil seitlich ihrer Hüften, es sieht aus, als wolle sie Schwung holen und gleichzeitig die Aussicht, das Gefühl der Schwerelosigkeit und die Freiheit in allen Zügen genießen. Sie schwingt hoch und runter, jeder Muskel des Körpers scheint gespannt. Nach einigen Minuten kommt sie wieder in den Stand. Mit den Armen balanciert sie sich aus und tänzelt nun mit bewundernswerter Leichtigkeit Richtung Château.

Wir stehen noch immer an den Aussichtspunkten, trauen uns kaum an den Rand der Felsvorsprünge. Jetzt kommt sie zurück, in Rufweite. Wir würden gerne wissen, wie sie heißt und warum sie das macht. Eines ist gewiss: Ganz jung ist sie nicht, vielleicht um die 60. Unsere Ehrfurcht wächst damit noch mehr.

Wo?

Rochers (Felsen) de Feÿr, Zugang von der N 95 Anseremme-Beauraing Parkplatz N 50.22018, E 4.89507

Wann?

Zum Beobachten am besten bei schönem Wetter am Wochenende

Wichtiges

Wer sich für einen eigenen „Seiltanz von Fey" interessiert, muss sich zuerst über den Club alpin de Belgique informieren und dort anmelden: www.club-alpin.be (nur auf Frz.).

Wenn sich die Menschen in die Natur einfügen.

Die Gegend westlich der Maas liegt abseits der wichtigen Verkehrsachsen, es gibt nur wenige Straßen, die einzige Bahnlinie endet in Couvin. Das Durchfahren wird einem nicht leicht gemacht, also bleibt man erst einmal besser vor Ort. Wählt man die kleinen Städtchen Couvin oder Nismes als Ausgangspunkt, wird man sogleich verstehen, warum hier der sanfte Tourismus erfunden sein könnte.

Symbiose zwischen Mensch und Natur

Ohne Eile fließt die Viorin in großen Schleifen nach Osten und bildet dabei eine abwechslungsreiche, nach Süden zunehmend einsame Landschaft. Die gesamte Gegend ist als Naturpark Viorin-Hermeton geschützt, womit man das harmonische Zusammenwirken von Mensch und Natur erhalten und fördern möchte. Nachhaltige Bewirtschaftung zählt ebenso dazu wie die Pflege natürlicher oder vom Menschen geschaffener Biotope. Die kleinen Ortschaften präsentieren sich mal melancholisch-düster mit anthrazitfarbenem Schiefer gedeckt oder fast südländisch mit Mauerwerk aus hellem Kalkgestein. Teilweise wildzerklüftete Felslandschaften werden nach Süden von schier endlosen Hainbuchen- und Eichenwäldern abgelöst, in denen im Herbst die kehligen Brunftschreie der Hirsche erklingen.

Durch die Wildnis

Nismes liegt am Übergang des Kalkgebietes zu den südlichen Ardennen. Das trockene, an Insekten und Reptilien reiche Hochplateau birgt eine der spektakulärsten Landschaften Belgiens im Kleinformat – die Fondry de Chiens, ein über 20 Meter tiefer Canyon aus Felsnadeln, -spalten und -höhlen. Karl May hätte hier sicher einen seiner Winnetou-Romane schreiben können, die Schlucht bietet echtes Abenteuerfeeling. Geländer, Stufen oder Sicherungsseile sind nicht vorhanden, also Vorsicht walten lassen. Wer sich hiervon hat inspirieren lassen, wird sicher das gesamte Gebiet entdecken wollen, was auf dem „Trail des Waldes bei Chimay" auch möglich ist. Hotels sind eher rar gesät, aber für Abenteurer sind sowieso die neun am gesamten Wanderweg eingerichteten Biwakplätze die erste Wahl. Mehrere Tage ist man gut und gerne unterwegs, zwischen felsigen Bergkuppen, bunten Blumenwiesen und idyllischen Ortschaften, in denen Hektik ein Fremdwort ist.

Wo?

Parc Naturel du Viroin-Hermeton. Touristinfo Viorinval, Rue Vieille Eglise 5, 5670 Nismes. Täglich geöffnet. November–März, So geschlossen. tourisme.viroinval.be

Wann?

Jede Jahreszeit hat ihre Besonderheiten, im Frühherbst begleiten einen die Brunftschreie der Hirsche.

Wichtiges

Karte des Trails auf www.cm-tourisme.be/de (Entdeckungen/Wanderungen/Zu Fuß). Hier können auch die Biwakplätze online reserviert werden. Während der Jagdsaison (Okt./Nov.) sind die Wege oft gesperrt.

Zwei Klöster, zwei Welten. Wenn Gegensätze aufeinandertreffen.

Es sind zwei ungleiche Geschwister, die in direkter Nachbarschaft liegen. Im Tal des Flüsschens Molignée trifft man auf zwei Klöster des Benediktinerordens, die unterschiedlicher nicht sein können.

Das Weltliche …

Unten im Tal, *dessous,* haben die Mönche die Wirtschaftsgebäude ihres Klosters Maredsous zu einem wahren touristischen Zentrum ausgebaut. An Wochenenden und im Sommer fühlt man sich hier weniger dem *Ora,* dem Beten, als dem *Labora,* dem Produzieren, Bewirten und Verkaufen verpflichtet. Dass der Rahmen hierfür ein äußerst stilvoller ist, gehört mit zum Gesamtkonzept. Das beinhaltet eine Klosterbrauerei, eine Käserei, einen schicken Verkaufsladen und eine urige Gaststätte mit zwei Biergärten im Vorhof der ehemaligen Klosterwerkstätten. Das eigentliche Kloster mit Kirche und Klausur liegt in Blickachse zum Biergarten, 200 Meter entfernt, hinter massiven Klostermauern. Diese schirmen auch den Lärm der Besuchergruppen ab, die sich dem süffigen Maredsous-Bier hingeben. Bei einer geführten Besichtigung darf man in die besinnliche Welt jenseits der Mauern eintauchen, doch auch eine Führung im diesseitigen Teil von Maredsous ist möglich, wobei hier der weltliche Genuss im Mittelpunkt steht. Im angegliederten Kloster-Shop findet man zwar auch Religiöses, doch der Großteil der angebotenen Produkte ist eher den irdischen Freuden dienlich.

… und das Geistliche

Ganz anders dagegen das Kloster Maredret. Über eine ansteigende Allee beeindruckender Buchen erreicht man seine massiven Klostermauern, über die zwei mächtige Glockentürme herausschauen. Ein einfaches Tor ermöglicht den Zutritt in diese abgeschlossene Welt. Der übersichtliche Klosterladen bietet Erbauliches und ausgewählte, vor Ort hergestellte Produkte an. Zurückhaltend lächelt eine Nonne den Besuchern zu und scheint fast beschämt zu sein, Geld für den leckeren Apfelsaft zu verlangen. Durch eine unverschlossene Pforte betritt man einen verwunschenen Klostergarten, wo sich zwei Stühle für eine Pause anbieten. Vögel zwitschern hoch oben in den uralten Bäumen, Margeriten blühen still vor sich hin. Hell läutet viermal eine Glocke zur vollen Stunde.

Wo?

Abbaye de Maredsous, Rue de Maredsous 11, 5537 Anhée, www.maredsous.com und tourisme-maredsous.be. Abbaye de Maredret, Rue des Laidmonts 9, 5537 Anhée, www.accueil-abbaye-maredret.info

Wann?

Beide Klöster täglich geöffnet, Maredsous durchgehend, Maredret mit Mittagsruhe

Wichtiges

Trotz aller Vermarktung ist Maredsous auch ein Ort des **Glaubens**. Der Bescheidenheit der Nonnen von Maredret sollte man gleichsam mit Respekt begegnen.

Romantisch, mystisch, aufregend – mit der Bahn im Maastal unterwegs.

Mit der *Société des Chemins de Fer Belges,* der belgischen Bahn, von Namur nach Dinant durch das Maastal zu fahren, bietet großes Landschaftskino. Die Strecke führt häufig unmittelbar am Flussufer entlang, passiert mehrere Brücken und gibt so den Blick frei auf bewaldete Hänge, niedliche Dörfer, blumenbestandene Ufer und eindrucksvolle Felsen, die steil zur Maas hin abfallen. So manch restaurierter Kahn schippert gemütlich auf dem auch sonst belebten Fluss. Gefragte Kletter-Hotpots finden sich an den felsigen Ufern, so auch wenige Kilometer nördlich von Namur die Rochers de Beez oder die Felsen südlich von Dinant.

Blick in eine andere Welt

Beim Start in Namur lässt sich ein Blick auf die imposante Zitadelle erhaschen, die mit dem Gestein verwachsen zu sein scheint. Flussaufwärts wird es noch romantischer: Gegenüber Profondeville, sowohl historische Maasstadt als auch eleganter Vorort von Namur, lassen die Rochers de Frène einem schmalen Durchstich Platz. Man könnte glauben, durch die Felsspalte in eine verborgene Welt zu gelangen, über deren Zutritt linkerhand ein versteinerter Drache wacht. Allerdings ist es lediglich die Straße nach Jambes, die sich hier hindurchschlängelt. Silbrig-anthrazit glänzt bei Ivoir eine riesige Felsplatte über dem Maasufer, ganz oben von einem grünen Waldsaum begrenzt. Zeigt sich der Himmel tiefblau, bietet sie ein faszinierendes Naturgemälde.

Überall etwas zu entdecken

Nach zwei sanften Flussschleifen erreicht man Dinant, die Stadt in atemberaubender Lage unterhalb des fast senkrecht aufragenden Zitadellenfelsens. Auch danach kann man sich kaum vom Fenster lösen. Man passiert den berühmten Felsen Bayard, der wie ein riesiger Hinkelstein einem Comic von Asterix und Obelix entsprungen zu sein scheint. Vom Bahnhof Anseremme sollte man vor der Rückfahrt eine Uferwanderung zu den Rochers de Feÿr nicht verpassen. Hin und zurück sind es ca. sechs Kilometer zur wildromantischen Felsformation oberhalb der Maas, deren Sahnehäubchen das noble Château de Feÿr am gegenüberliegenden Ufer darstellt. Die Bahn bringt einen dann wieder entspannt zurück nach Namur oder man bleibt am besten noch eine Nacht in der Gegend – sie ist einfach zu schön.

Wo?

SNCB-Bahnlinie von Namur über Dinant nach Bertrix, Abschnitt Namur-Anseremme. www.belgiantrain.be

Wann?

Mo–Fr stündlich zwischen 5.52 und 19.52 Uhr, Sa/So alle 2 Stunden. Einfache Fahrt ca. 35 Minuten, 6,10 €. Ermäßigte Partnertarife am Wochenende (Weekend-Ticket)

Wichtiges

Fahrradmitnahme kostet 4 € pro Rad und Strecke. Informationen zu Sehenswürdigkeiten und Wanderungen auf www.exploremeuse.be

Entspannte Vorweihnachtszeit in einer beschaulichen Stadt.

Enge Gassen, Stadthäuser aus hellem Kalkgestein und roten Klinkern, etwas herbe Atmosphäre, abgetretenes Kopfsteinpflaster. Jeder Schritt hallt an den massiven Mauern der teilweise noch mittelalterlichen Stadthäuser wider. *Après 18 h il n'y pas un chat,* erklärt eine ältere Dame am Bahnhof, womit sie meint, dass in Namur um 18 Uhr die Bürgersteige hochgeklappt werden. Das stimmt zwar nicht ganz, beschreibt aber die bei aller Geschäftigkeit doch eher beschauliche Hauptstadt der Wallonie recht gut. Während im Hochsommer die engen Gassen kühlend wirken, strahlen sie im Winter Behaglichkeit aus. Man fühlt sich wohlig umfangen in den bei Einbruch der Dunkelheit rötlich beleuchteten Gassen.

Elegant und stilvoll

Zur Weihnachtszeit wird Namurs Zentrum festlich geschmückt, passend zur überschaubaren Größe der Stadt stimmungsvoll bescheiden. Der goldene Engel, eine Statue auf dem nach ihm benannten Platz, posaunt dann über den kleinen Weihnachtsmarkt mit seinen liebevoll dekorierten Buden und Karussells. Die schicken Läden und urgemütlichen Bistros in der Rue de la Croix, der Rue St-Jean und um den Marché des Légumes, Namurs romantischstes Plätzchen, sind hübsch und dezent dekoriert.

Der mächtige Turm der Eglise St-Jean Baptiste wacht stolz über dieser heimeligen, weihnachtlichen Szenerie. In den Hüttchen auf der Place d'Armes werden neben dem üblichen Weihnachtsschmuck und kleinen Geschenken auch Spezialitäten aus der Region angeboten. Wer Süßes mag, wird sich sicher in die zart schmelzenden Karamellbonbons auf der Grundlage von Crème fraîche und gegrillten Nüssen, die *Biétrumés,* verlieben. Daneben gibt es auch Deftiges, Alkoholisches und natürlich Pommes, die hier das Licht der Welt erblickt haben sollen.

Wundervolles Arrangement

Vor einem Bummel über den abendlichen Markt sollte man einen Spaziergang durch die Altstadt und an den Ufern von Maas und Sambre mit einplanen. Die Stadt schafft es, die Brücken, Plätze, Gebäude und die berühmte Festung zurückhaltend, aber stimmungsvoll in ein wundervolles Licht zu rücken. Den schönsten Blick hat man vom gegenüberliegenden Maasufer oder von der Sambrebrücke nach Einbruch der Dunkelheit – und das nicht nur zur Weihnachtszeit.

Wo?

Altstadt von Namur und Weihnachtsmarkt auf dem Place du Théatre, dem Place de l'Ange und dem Place d'Armes

Wann?

Ende November bis Ende Dezember

Wichtiges

Zum Aufwärmen sind die urig-rustikalen Altstadtlokale bestens geeignet, z.B. la Charbonnade, Place Deschamps oder Le Bar du Marché des Légumes

Aus Lost Places werden Soul Places – Wanderung um eine alte Arbeiterstadt.

Anfang des 19. Jahrhunderts schwappt die industrielle Revolution über den Ärmelkanal. Belgien ist das erste Land auf dem Kontinent, in dem die Schlote rauchen und sich die Ungetüme der Dampfloks über Eisenschienenwege fortbewegen. Aus der idyllischen Sambre wird ein zu beiden Ufern befestigter Kanal, auf dem man Kohle, Erze und das verhüttete Eisen transportiert. Doch die Zeit von Kohle und Stahl ist auch in Belgien längst vergangen, nur wenige Produzenten haben den Niedergang der wallonischen Montanindustrie überlebt.

Verlassen und zurückerobert

Charleroi ist das Zentrum dieser alten Industrien, eine Stadt der Arbeiter, die mit ihrer harten, gefährlichen Tätigkeit unter Tage und an den Hochöfen einen erheblichen Teil zum Wohlstand des Landes beitrugen. Als Festungsstadt des spanischen Königs Karls II. Ende des 17. Jahrhunderts gegründet, sollte sie ein Bollwerk gegen die „aufdringlichen" Franzosen sein. Mit dem Ausbau der Montanindustrie begann der Aufstieg zu einer der größten Städte Belgiens.

Charleroi kann nicht mit einem pittoresken Stadtbild aufwarten, auch die Natur ist im Vergleich zu den ländlichen Gebieten Belgiens nicht ursprünglich zu nennen. Und doch ist die Stadt ein touristisches Ziel, eine außergewöhnliches dazu. Das Bahnhofsviertel gleicht einer Outdoor-Galerie des Art déco, die Gebäude einer alten Fabrik wurden zur angesagten Konzerthalle Rockerill ausgebaut. Wer auf dem Treidelpfad zwischen Zentrum und Marchienne unterwegs ist, wird die herbe Seite Walloniens schätzen lernen: Die Natur hat sich viele der stillgelegten Fabrikgelände zurückerobert. Fotogen umrankt wilder Wein verrostete Eisenträger, rosa blühender Weiderich reckt sich vor schlanken Schloten am Kanalufer. Über die Bergehalden führen Wanderwege durch wildwuchernde Natur; für die Region ganz neue, trockenheitsliebende Arten haben sich hier angesiedelt.

Symbiose

Aus den Lost Places der Industriezeit sind Soul Places geworden: Zwischen Rost und Graffiti, Street Art und Industrieruinen zirpt und blüht es zur Sommerzeit, flattern Schmetterlinge, radeln und spazieren Einwohner und Besucher von außerhalb, um Belgiens altes industrielles Herz aufzuspüren.

Wo?

Wanderung: Schwarze Schleife durch alte Industrieanlagen und über Bergehalden, 9 km, mittelschwer. www.cm-tourisme.be/de/a/schwarze-schleife

Wann?

Kontrastreich im Sommer bei Sonnenschein, melancholisch im Grau des Winterhalbjahrs

Wichtiges

Als Alternative nur den Treidelpfad entlang des Sambre-Kanals zwischen Bahnhof und Marchienne wählen, auch mit dem Rad machbar, hin und zurück ca. 7 km

Kunterbunt geht es wie in der Legende durch die Stadt.

Die Provinzstadt Binche wurde im hohen Mittelalter gegründet. An ihre großen Zeiten erinnern neben dem Belfried und den Überresten der Stadtbefestigung auch der Renaissancepalast der Maria von Ungarn. Sie war unter Kaiser Karl V. die Statthalterin Spaniens in den Niederlanden und wählte Binche als Residenz.

Eine Legende über den historischer Zug

Am 22. August 1549 beginnt nun eine Geschichte, die bis ins 21. Jahrhundert reicht. In Kaiser Karls V. Reich ging die Sonne niemals unter, ihm waren ganz Südamerika, Spanien, Österreich, die spanischen Niederlande und die Philippinen untertan. Anno domini 1549 stellte der Kaiser seinen Sohn Philipp als Thronfolger vor. Marie de Hongrie lud den gesamten Hofstaat nach Binche ein und organisierte in ihrem Palast ein rauschendes Fest. In den Cortège impérial, den kaiserlichen Einzug in die Stadt, reihten sich – so die Legende – auch Abgesandte der südamerikanischen Ländereien ein. In farbenprächtigen Kostümen mit immensem Kopfschmuck aus Federn, begleitet von den exotischen Klängen ihrer Musikanten, sollen vor allem die Incas die Aufmerksamkeit der Stadtbewohner auf sich gezogen haben. Historisch ist diese gerne erzählte Geschichte zwar nicht zu belegen – doch damit lässt sich liebevoll erklären, weshalb der Karneval von Binche nach uralten Traditionen und mit so einzigartigen Kostümen stattfindet.

Farbenfroh und faszinierend

Als immaterielles Welterbe von der UNESCO geschützt, stehen im Zentrum der zahlreichen Umzüge der Karnevalstage die Gilles. Ein Gille zu sein gilt in Binche als große Ehre. Man durchläuft eine mehrjährige Ausbildung, es sind nur Männer (man verzeihe diese Benachteiligung mit Verweis auf die jahrhundertealte Tradition) zugelassen, die Kostüme sind aufwendig in Gold und Erdfarben gehalten und erinnern tatsächlich an die Kleidung der Incas. Ein echter Gilles ist Bürger der Stadt Binche, trägt eine weiße Maske mit schwarzem Schnurrbart-Strich und Holzschuhe mit Glöckchen. Höhepunkt ist der Mardi Gras, der Faschingsdienstag. Dann präsentieren ausgewählte Gilles ihren fantastischen Kopfschmuck aus weißen Federn, die im Rhythmus von Musik und Bewegung auf und ab wippen. Als Zuschauer ist bei aller Ausgelassenheit auch Obacht geboten, um nicht von der ein oder anderen Orange getroffen zu werden, die von den Gilles in die Menge geworfen werden.

Wo?

7130 Binche liegt genau zwischen Charleroi und Mons, unweit der französischen Grenze.

Wann?

Von Faschingssonntag bis -dienstag: www.carnavaldebinche.be

Wichtiges

Wer außerhalb der Karnevalszeit kommt, findet im Karnevals- und Maskenmuseum viel Interessantes zum Karneval von Binche über Köln, Venedig bis Rio: www.museedumasque.be.

»Dann präsentieren ausgewählte Gilles ihren fantastischen Kopfschmuck aus weißen Federn, die im Rhythmus von Musik und Bewegung auf und ab wippen.«

Ein stimmungsvoller Platz zu Füßen des Stadthügels und Belfrieds.

Mons, flämisch Bergen, gilt als die älteste Industriemetropole des europäischen Kontinentes. In der Boriage, dem Umland der Stadt, begann bereits im 18. Jahrhundert die industrielle Revolution, rauchten Schlote und ratterten Dampfmaschinen. Nicht weit entfernt, in Grand Hornu, wurde erstmals in moderner Form Steinkohle abgebaut und mit einer der ersten Eisenbahnen abtransportiert. Hier entstanden auch die ersten Arbeitersiedlungen. Van Gogh erlebte zwei Jahre das entbehrungsreiche Leben der Arbeiterschaft und hielt es in zahlreichen Gemälden fest. In Mons' Innenstadt merkt man hiervon – nichts.

Wachstum

Mons kann auf eine lange Geschichte zurückblicken, ist seit dem 7. Jahrhundert religiöses Zentrum und reicher Handelsplatz. Die Verehrung der heiligen Waltraud im hohen Mittelalter zog eine Menge (oft solventer) Pilger in die Stadt und erforderte den Bau einer imposanten Kirche, dem Kollegial St-Waudru. Der einzige Belfried Belgiens im barocken Stil erhebt sich als Zeichen dieses alten Wohlstandes auf der Spitze des Hügels, um den herum die Stadt gebaut wurde und von dem sich auch der Name Mons, französisch *mont* für Berg, ableitet.

Ansichtssache

Seine Schönheit wurde des Öfteren angezweifelt, bekanntester Kritiker ist der französische Schriftsteller Victor Hugo: Seine barocke Haube ähnle einer großen Kaffeekanne, die von vier recht hässlichen Teekännchen umgeben sei. Steht man bei einbrechender Dunkelheit am idyllischen Platz Square St-Germain und blickt zum Belfried hinauf, mag man Victor Hugo nicht so recht folgen. Alles scheint stimmig. Links grenzt St-Waudru an den kleinen Park. Da dieser bereits am Hang des Stadthügels liegt, wirkt diese berühmte Kirche von hier aus gesehen recht bescheiden, kein Vergleich zur imposanten Fassade mit Treppenaufgang vom Roosevelt-Platz aus gesehen. Der hübsch in Szene gesetzte Brunnen sprudelt sanft vor sich hin, Familien und Paare schlendern vorbei, nehmen kurz Platz auf einer der Bänke, Kinder spielen mit dem Wasser und dahinter glänzt stolz der elegante Turm mit den vier kleinen und der großen Turmhaube.

Wo?

Square St-Germain, Rue Samson. Belfried, Rue des Clercs 32. www.beffroi.mons.be.
Der nur wenige Schritte entfernte Grand Place von Mons ist stets sehr belebt und mehr als einen Abstecher wert.

Wann?

Gegen Abend stimmungsvoll illuminiert. Besichtigung Belfried, Museum und Parkhügel Di–So 10–18 Uhr

Wichtiges

Zahlreiche Veranstaltungen ziehen die Menschen in die Stadt, u. a. zur Ducasse, bei der der Kampf des heiligen Georg mit einem Drachen (Doudou genannt) nachgestellt wird. www.visitmons.de

Ein futuristischer Bahnhof mit Kultcharakter.

Etwas irritiert steht man doch zuerst auf dem Bahnsteig und traut seinen Augen kaum. Hat man sich dann an das unbekannte Objekt gewöhnt, glaubt man von weit entfernt die Intro-Melodie der Weltraumsaga Raumschiff Enterprise zu vernehmen. Wer diese Science-Fiction-Kultserie in seiner Kindheit nicht geschaut hat oder aufgrund des Alters nicht schauen konnte, sollte sich vor der Reise nach Mons mit Sound und Design des berühmtesten aller berühmten Raumschiffe vertraut machen. In Mons wurde es in die Realität gesetzt.

Die Zukunft ist nicht günstig

Niemand anders als der Architekt und Künstler Santiago Calatrava Valls transferierte in diese kleine Großstadt in der alten wallonischen Industrieregion ein Bauwerk, das erschreckt oder fasziniert – je nach Standpunkt der Betrachter. Man glaubt sofort, dass aus dem 36-Millionen-Projekt der Fußgängerbrücke über die Bahnhofsgleise ein zehnmal so teures Prestigeprojekt geworden ist. Mons ist bei aller Kostenexplosion mächtig stolz auf seinen neuen Bahnhof, dessen endgültige Eröffnung sich um mehr als ein Jahrzehnt verschob. Wie die Kommandobrücke der Enterprise reckt sich die zentrale Bahnhofshalle fünfzehn Meter über der Erde Richtung Stadtzentrum. Passagiere verschwinden auf Rolltreppen im Rumpf des Raumgleiters, der zu den Andockstationen, die hier Gleis, Voie bzw. Spoor genannt werden, führt. Die gläsernen, abgerundeten Aufzüge lassen befürchten, hier zu unbekannten Destinationen gebeamt zu werden, und doch kommt man lediglich eine Etage höher an. Wie die Enterprise ist auch Mons spaciger Gare multimodal, sodass man beim Umsteigen auf Bus, Taxi oder Fahrrad seine Gravitationszone nicht verlassen muss, die durch die geschwungenen Bahn- und Bussteigüberdachungen markiert ist.

Nicht nur für Sci-Fi-Fans

Wer hier einsteigt, glaubt kaum, mit der belgischen Staatsbahn nach Brüssel, Tournai oder Namur zu fahren, hier hebt man ab um neue Welten zu entdecken. Wer hier ankommt, taucht in Calatravas faszinierendes Universum ein. Viele Kilometer von Brüssel entfernt dringt man im Gare de Mons in Galaxien vor, die kaum ein Mensch zuvor gesehen hat.

Wo?

Gare de Mons, Place Léopold-Boulevard Charles Quint, 7000 Mons. Fahrplan auf www.belgianrail.be

Wann?

Der Bahnhof ist rund um die Uhr ein Blickfang.

Wichtiges

Der Bahnhof ist bereits zu großen Teilen in Betrieb. Die vollständige Eröffnung soll im Laufe des Jahres 2024 erfolgen. Abwarten!

Beim Fest der Riesen und Giganten zeigt Belgien unbändige Lebensfreude.

Eine bizarre Schar christlicher Heiliger, von Persönlichkeiten aus dem Reich der Sagen, Legenden und der belgischen Geschichte macht sich jedes Jahr Ende August auf den Weg durch die Innenstadt von Ath – und das bereits seit dem Jahre 1399.

Der Marsch der Riesen

Etwas verrückt wirkt das Ganze schon, zumal sich unter den bunten Gruppen auch riesenhafte Figuren von mehreren Metern Höhe befinden sowie ein gigantisches Pferd, auf dem fünf Kinder in luftiger Höhe aufsitzen. Ein langhaariger Waldschrat auf Stelzen schultert lockerleicht ein weiteres Kind. Es ist der heilige Christopherus, der älteste der Ather Giganten. Samson, der übermenschliche Riese mit Napoleonhut, blickt wenig furchteinflößend drein. Mademoiselle Victoire, Fräulein Sieg, tanzt ausgelassen im Kreis, manchmal mit Ambiorix, dem ewig jungen belgischen Anführer gegen die Römer. Vor der Eglise St-Julien kämpft Goliath mit David, küsst auf dem Marktplatz leidenschaftlich und in aller Öffentlichkeit seine Frau, Madame Goliath, um so den Bund fürs Leben zu besiegeln, den sie jedes Jahr aufs Neue eingehen.

Lebensgefühl einer Nation

La Ducasse d'Ath ist eine Art Kirmeskarneval im Sommer zu Ehren des lokalen Heiligen Saint Julien. Sie hat sich zu einem fantastischen Event entwickelt, das Tradition, Religion und belgisches Lebensgefühl verbindet. Schon immer war sie skurril, zuweilen schrill und stets auch ein Ausdruck des Bürgerstolzes gegenüber Kirche, Adel und Staat. Belgien sei, so ein geflügeltes Wort, die Vermählung des Widerspruchs mit dem Surrealismus und einem Schuss Aufsässigkeit. All das kommt in der Ducasse von Ath zusammen, ergänzt durch eine unbändige Lebensfreude. Manch einer wird sich vielleicht angesichts dieser Ausgelassenheit verwundert die Augen reiben, sich dann aber schleunigst in die Umzüge einreihen und ordentlich mitfeiern.

Doch auch an anderen Tagen lässt sich dieses Riesenfest erleben, wenn auch eher museal im 2024 nach umfangreichen Umbauarbeiten erweiterten Maison des Géants, dem Haus der Riesen. Hier erfährt man alles, was man über die Giganten und ihre Geschichte wissen kann, und bekommt natürlich eine Menge Anschauungsmaterial.

Wo?

Zentrum von 7800 Ath, visitath.be

Wann?

Vom letzten Freitag im August bis zum 8. September eines jeden Jahres. Höhepunkte sind die Vermählung des Ehepaares Goliath und der biblische Kampf gegen David am zweiten Festtag.

Wichtiges

Bis 2022 zählte die Ducasse d'Ath zum UNESCO-geschützen immateriellen Weltkulturerbe. Aufgrund der Figur des „Wilden" wurde sie von der Liste genommen.

Der Grand Place ist Treffpunkt für Groß und Klein, immer mit Leben gefüllt.

Der *Grote Markt* bzw. *Grand Place* ist das Herz jeder Stadt in Belgien. Hier reihen sich die stolzesten Bürgerhäuser, entweder mit geradlinigen Treppen- oder rundlichen Volutengiebeln. Viele sind mit goldenen Ornamenten verziert und hier, in der guten Stube der Stadt, meist aufwändig restauriert. Der bekannteste der Großen Plätze Belgiens ist der Grand Place in Brüssel. Aber auch in der Provinz präsentiert man sich hier in ganzer Pracht, besonders hübsch und lebhaft im geschichtsträchtigen Tournai.

Ein Treffpunkt für die Einwohner

Die fünf Türme der Kathedrale ragen über den Dächern der Altstadt hervor. Sie wirken wie Wegweiser zum wichtigsten Ort der Stadt: An Tournais' Grand Place reiht sich ein Restaurant an das andere, die Tische und Stühle breiten sich weit auf den Platz hin aus, der an Wochenenden gerne auch als Floh- oder Büchermarkt dient. Gegen Abend wird es im Sommer sehr voll. Dann hallt der ganze Platz vom Echo der Gespräche wider, kaum findet man einen freien Tisch. Typisch belgische Friterien grenzen an Traditionskneipen und Restaurants mit regionaler oder gehobener französischer Küche. Alles wirkt sehr entspannt. Kinder tollen herum und verstecken sich hinter der Statue der Stadtheldin Christine de Laaing, die 1581 die Stadt vor der französischen Eroberung bewahrte.

Spielen verbindet

Einige der Lokale, mit allerlei Krimskrams vollgestopft, holzvertäfelt und urgemütlich, bieten auch traditionelle Gesellschaftsspiele an, die den Abend zur großen Gaudi werden lassen. Zum Beispiel das *jeu de marteaux* oder *Knockerball*, ein Holzbrettspiel, bei dem man seine beiden Tore mit einem kleinen Hammer verteidigen und gleichzeitig versuchen muss, die winzige Kugel ins Tor der drei Gegner zu bugsieren.

Über all dem Treiben wacht Tournais' Belfried, der älteste ganz Belgiens, 1188 vollendet und selbstverständlich mit einem traditionellen Glockenspiel, dem *Carillon,* ausgestattet, das im Sommer und in der Weihnachtszeit erklingt. Gespielt wird es übrigens von einem echten Meister seines Faches, dem Carilloneur François Clément aus Tournai.

Wo?

Grand Place, 7500 Tournai (Doornik). www.visittournai.be

Wann?

Am besten in der warmen Jahreszeit. Dann ist der ganze Platz bestuhlt.

Wichtiges

Das Hammerspiel *(jeu de marteaux)* kann im l'Impératrice gespielt werden. Rue des Maux 12/B, Grand Place. Am besten mit Voranmeldung am Tag zuvor, Mi geschlossen

Im Hainaut isst man fast wie bei den französischen Nachbarn.

So manches kommt einem im Süden Belgiens, dem Hennegau oder Hainaut, französisch vor. Es ist nicht unbedingt die Nähe zum großen Nachbarn, die Grenze ist nie weit entfernt, auch nicht die französische Sprache, die ja überall in der Wallonie gesprochen wird. Es ist die Vielfalt an hervorragenden Boulangerien und Pâtisserien, die in französischer Backtradition Unglaubliches in ihren Auslagen präsentieren.

Schlaraffenland für Schleckermäuler

Große und mittlere Kuchen, kleine Küchlein – Tartelettes genannt –, Aprikosen, Apfel- oder Birnenscheiben auf Blätterteig, Eclairs – mit Sahne, Mokka-, Schoko- oder Vanillepudding gefüllte längliche Brandteigtaschen –, Crème- und Sahnetörtchen, eines leckerer als das andere, und jedes mit Obst oder Schokolade, vor allem aber immer mit Liebe verziert und dekoriert, als ginge es darum, mit jedem einzelnen einen Gourmetwettbewerb zu gewinnen. Während die „Alltagsteilchen" wie Croissants und Rosinenschnecken meist eine profane Papiertüte erhalten, werden die Küchlein mit Akribie in edle Kartons verpackt, ehrfurchtsvoll überreicht und stolz aus dem Laden getragen. Verputzt sind sie meist recht schnell, doch sollte man sie zuvor genauestens betrachten, denn das Auge isst bekanntlich mit.

Jahrhundertelange Verbundenheit

Diese Nähe zur französischen Kultur hat neben dem geografischen auch einen zutiefst historischen Hintergrund. Die Herrscherdynastie der fränkischen Merovinger, aus der die ersten französischen Könige hervorgingen, stammt aus Tournai. Der fränkische König Childerich hatte hier im 5. Jh. sein Machtzentrum, und hier ist sein Sohn Clovis geboren, der einige Jahrzehnte später seinen Herrschersitz nach Paris verlegen sollte. Aus Franken wurden Franzosen, aus dem Frankenreich Frankreich. Die Tournaiser sind also eigentlich Franzosen, das heute belgische Tournai ist sogar die Vorgängerin der französischen Hauptstadt und das will doch mit einem eigenen Gebäck zu Ehren des Clovis gefeiert sein. Findige Pâtissiers kreierten vor einigen Jahrzehnten einen edlen Kuchen, der den Namen Clovis tragen darf und der ungemein lecker schmeckt: Mürbeteig mit Aprikosenboden und Marzipan. Der Gâteau Clovis ist wahrlich des ersten französischen Königs würdig.

Wo?

Den Gâteau Clovis gibt es in Tournai u.a. in der Pâtisserie Quenoy, Place Crombez 2, oder in der Boulangerie Herbeau, Rue Gallait 20

Wann?

Täglich geöffnet außer Mi (Quenoy) bzw. Do und So (Herbeau)

Wichtiges

Natürlich sind Belgier Belgier und keine Franzosen. Man achte auch darauf, dass man entgegen der frz. Regel die Zahlen 70–90 belgisch als septante, octante und nonante bezeichnet.

Fünf Türme, zwei goldene Schreine und romanische Architektur.

Sie wirken ausgezehrt, aber glücklich. Die bronzene Figurengruppe mittelalterlicher Pilger weist in der Rue des Chapeliers den Weg zum Portal der Kathedrale. Der gepflasterte Vorplatz ist leicht abschüssig. Linkerhand liegen zwei hübsche Lokale. Im Sommer isst und trinkt man auf ihrer Terrasse unter den Augen Marias, eines Mönches und des neugeboren Jesus. Tournais Denkmäler sind häufig religiöser Natur.

Schönheit in Reinform

Im Hintergrund fällt der Blick auf das eigentümlich maurisch wirkende Eingangsportal der größten romanischen Kirche Belgiens. Es ist das Tor in eine andere, besinnliche Welt. Die Kathedrale von Tournai bietet im Inneren romanische Architektur in ihrer reinsten Form: einfache Kreuz- und Tonnengewölbe, Rundbogenfenster, Halbkreise. Die Harmonie der Architektur, der massive Gesamteindruck des Innenraumes, dazu der gotische, sich in der Tiefe verlierende Chor und der vom Licht der Lampen erhellte Lettner, die reich verzierte Trennwand zwischen dem Bereich der Geistlichen und der Laien – all das zusammen ergibt eine wundervoll erhabene Atmosphäre.

Reichtum in Hülle und Fülle

Am hinteren Ende des recht düsteren Chorraums gelangt man zum berühmten Kirchenschatz. Er ist mehrfach gesichert, was nicht nur an den unermesslichen Kostbarkeiten liegt, die hier ausgestellt sind, sondern auch an einem Kirchenraub im Jahre 2008, als ein zwar unscheinbar kleines, aber immens kostbares byzantinisches Kreuz aus dem 8. Jahrhundert entwendet wurde. So betritt man heute die drei Schatzkammern über einen eigens gesicherten Zugang, entdeckt dahinter Reliquienarme in Silber und purem Gold und einen von kostbaren Wandteppichen geschmückten ovalen Raum, in dessen Mitte der reich bestickte Kaisermantel Karls V. ausgestellt ist. Erst beim Rausgehen bemerkt man die massive Stahltür, hinter der Tournais wohl größter Schatz aus dem hohen Mittelalter darauf wartet, bewundert zu werden: Es sind die Chasse St-Eleuthère und die Chasse Notre-Dame, zwei vergoldete Reliquienschreine mit so überreichen, filigranen Ornamenten und Figuren, dass man aus dem Staunen nicht mehr herauskommt.

Wo?

UNESCO-Weltkulturerbe Cathédrale Notre-Dame de Tournai, Eingang Vieux Marché aux Poteries. www.cathedrale-tournai.be

Wann?

Täglich 9–18 Uhr, keine Besichtigung während der Messen. Schatzkammer *(trésor)* 12.30–18 Uhr, 2,50 €

Wichtiges

Mo–Sa Messe um 11, So um 10 Uhr. Zweiter Septembersonntag volkstümliche Prozession mit Präsentation der goldenen Schreine

Entspannte Touren am Strom. Ruhige Natur für einen gemütlichen Radausflug.

Zwei große Flüsse durchqueren Belgien von Süd nach Nord. Es ist im Osten des Landes *la Meuse,* die fast 900 Kilometer lange Maas, die in das Mittelgebirge der Ardennen ein tiefes, spektakuläres Tal gegraben hat, und im Westen die Schelde, auf Französisch *l'Escaut*. Sie ist mit ihren 360 Kilometern zwar ein recht kurzer, aber wahrer Strom. Zwei bedeutende belgische Städte liegen an ihren Ufern, Tournai und Gent, an der Mündung hat sich der zweitgrößte Seehafen Europas platziert – Antwerpen.

Ein lauschiger Platz am Fluss

Der Flusslauf der Schelde ist so ganz anders als der ihrer großen belgischen Schwester im Osten: flaches Land zu beiden Seiten, Felder, sanfte Hügel mit Wiesen, weidenden Kühen und *bosjes,* kleinen Wäldchen – alles eher unspektakulär, aber entspannend schön. Einer der idyllischsten Flussabschnitte liegt im Grenzgebiet zwischen Wallonien und Flandern, wo der Strom auch seinen Namen von *Escaut* in Schelde (mit S und nachfolgendem rauen CH ausgesprochen) ändert. Gleich hinter Tournai begleiten zu beiden Ufern uralte, knorrige, weit ausladende Pappeln den gar nicht so breiten Fluss. Im Sommer spenden sie kühlenden Schatten. Kurz vor Pecq werden die mächtigen Bäume von Säulenpappeln abgelöst, die der Szenerie einen Hauch Eleganz verleihen. Einige Schiffe, ob vollbeladener Schlepper vom Seehafen Antwerpen Richtung Nordfrankreich unterwegs oder restaurierte Peniches, traditionelle Binnenschiffe, die häufig als schwimmende Wohnung dienen, gleiten fast lautlos vorbei. Enten und Gänse wechseln in langen Reihen die Ufer. Zu beiden Seiten verläuft ein Fuß- und Radweg, zwischen den Bäumen blickt man Richtung Osten auf die grünen Ausläufer der flämischen Ardennen.

Kleinod zum Verschnaufen

Unterwegs sollte man einen Halt im Uferbistro L'Escanguilles bei Pecq nahe der Sprachgrenze einlegen. Im Schatten der gedrungenen Dorfkirche bietet die Küche sowohl wallonische als auch flämische Speisen und Getränke. Und neben dem *salut* hört man hier auch des Öfteren schon *tot ziens*. Drei Kilometer weiter ist man bereits in Flandern und mit dem Rad direkt auf wunderschönen Uferwegen in Oudenaarde, Gent und Antwerpen.

Wo?

Regionen Hennegau, Ostflandern und Antwerpen. Die beschriebene Strecke liegt zwischen Tournai und Spiere-Helkijn (hin und zurück ca. 30 km).

Wann?

Immer schön. Bistro L'Escanguilles in Pecq Do–So Mittag und Abend, Mo/Di Mittag geöffnet. www.lescanguilles.be

Wichtiges

Flussabwärts zwischen Gent und Antwerpen gibt es vier Fähren, die für Fußgänger und Radfahrer z. T. auf ein Leuchtsignal hin die Überfahrt gewähren. www.overdeschelde.be (nur auf Niederländisch)

Hier ist mein
Soul Place
Reise Know-How Verlag

Haben Sie durch Soul Places neue Lieblingsorte entdeckt?

Dann schreiben Sie uns – wir freuen uns über Feedback und Fotos!

soulplaces@reise-know-how.de

@reiseknowhowverlag

@ReiseKnowHow

Foto: AdobeStock, Nikolai Sorokin

Impressum

Markus Mörsdorf
Soul Places Belgien – Die Seele Belgiens spüren

Soul Places ist eine Marke von
Reise Know-How Verlag Peter Rump GmbH,
Osnabrücker Str. 79, 33649 Bielefeld

1. Auflage 2024

ISBN 978-3-8317-3863-2

Printed in Germany

Druck und Bindung: Druck- und Verlagshaus Zarbock GmbH & Co. KG, Frankfurt am Main

Idee & Konzept: Wayan Rump
Gestaltung und Bearbeitung: der Verlag
Fotonachweis: Cover: AdobeStock, Bernhard | Vorwort: Stad Gent Dienst Toerisme visitflanders | Soul Place 1: (rechts unten 3) Westtoer APB visitflanders | 4: (oben 1, links unten 2) Westtoer APB visitflanders | 8: (1) Tourisme Brugge Jan D_Hondt visitflanders, (3) visitflanders | 9: (1, 2, 3) Jan Darthet Stad Damme | 12: (3, 4) Nick Mol visitflanders | 13: (1, 2) Stad Gent Dienst Toerisme visitflanders | 14: (2) Gent Dienst Toerisme, (3) Andreas D'Hollandere | 16: (1) visitflanders, (2, 3) Agentschap voor Natuur en Bos, Pierre Kestemont | 17: (1, 2) Jean-Paul Remy visit.brussels | 18: (3) Jean-Paul Remy visit.brussels | 19: (2, 3) Jean-Paul Remy visit.brussels | 20: (2, 3) Jean-Paul Remy visit.brussels | 21: (1, 2) EDAN visit.brussels | 22: (2) Olivier van de Kerchove visit.brussels, (3) Jean-Paul Remy visit.brussels | 23: (1, 2, 3) Jean-Paul Remy visit.brussels | 24: (1, 2, 3, 4) Jean-Paul Remy visit.brussels | 25: (1) Danny Gys – Atelier Christian de Portzamparc Musée Hergé, Hergé Tintinimaginatio 2022, (2) Hergé Tintinimaginatio 2023 | 27: (1) Hof ten Dormaal, (2) visitflanders | 28: (1) Milo Profi visitflanders (2, 3) Piet de Kersgieter visitflanders | 30: (1, 2) Milo Profi visitflanders | 32: (1) Lebak Photography Zaha Hadid Architects visitflanders | 36: (1) Luc Daelemans visitflanders, (2) Jonathan Ramael visitflanders, (4) Peter Baas visitflanders | 37: (1) Robin Reynders visitlimburg, (2, 3) Guido Abels | 38: (2) Henry Savenay visitflanders | 39: (1) Bjorn Snelders visitflanders (2) Vesparoute | 41: (1) Adrien Closter Liège Tourisme | 44: (1) Emil Wirtgen Tourismusagentur Ostbelgien, (2) Dominik Ketz Tourismusagentur Ostbelgien | 45: (1, 2) Circuit de Spa-Francorchamps | 48: (1) Château de Modave ASBL | 50: (1) Rita Photographie Plus Belles Villages de la Wallonie, (3) Adobe Stock Anneke | 55: (1) Mats Palinck A.S.O., (2) Fagnoul – FTPL Liège Tourisme, (3) Anne Segers Maison du Tourisme du Pays de Bastogne | 56: (1, 2, 3) Nutchel Ardennes | 58: (4) Rita Photographie Plus Belles Villages de la Wallonie | 60: (1) Denis Closon Tourisme Bouillon | 61: (2) Denis Closon Tourisme Bouillon | 62: (1, 2) Domaine de Han | 63: (2, 3) Florence | 64: (3) Denis Closon Explore Meuse | 65: (1) Jean Paul Remy WTB | 68: (1) PN Viorin Hermeton, (2) OTViroinval | 71: (1, 2, 3) Jean Paul Remy WBT | SP 72: (2) Bruno D'Alimonte WBT | 73: (1, 2, 3) Olivier Legardien Tourisme Binche, (4) A. Brancart WBT | 75: (1) Oswald Tlr. Ville de Mons | 76: (1, 2, 3) Laurent Dubuisson Office de Tourisme d'Ath | 78: (1) Adobe Stock Flaviu Boerescu
Alle weiteren Bilder: Markus Mörsdorf

Bibliografische Information der Deutschen Nationalbibliothek
Die Deutsche Nationalbibliothek verzeichnet diese Publikation in der Deutschen Nationalbibliografie; detaillierte bibliografische Daten sind im Internet über http://dnb.dnb.de abrufbar.

Reise Know-How-Bücher finden Sie in allen gut sortierten Buchhandlungen.
Falls nicht, kann Ihre Buchhandlung unsere Bücher hier bestellen:
D: Prolit, prolit.de und alle Barsortimente
A: Freytag-Berndt und Artaria KG, freytagberndt.com
CH: AVA Verlagsauslieferung AG, ava.ch
B, LUX, NL: Willems Adventure, willemsadventure.nl
oder über den Verlag: **www.reise-know-how.de**

Wir freuen uns über Kritik, Kommentare und Verbesserungsvorschläge, gern per E-Mail an info@reise-know-how.de.